公司综合信息透明度的经济效果研究

张肖飞 著

中国财经出版传媒集团
中国财政经济出版社

图书在版编目（CIP）数据

公司综合信息透明度的经济效果研究／张肖飞著.
－－北京：中国财政经济出版社，2019.11
ISBN 978－7－5095－9345－5

Ⅰ.①公… Ⅱ.①张… Ⅲ.①公司－企业管理－经济效果－研究 Ⅳ.①F276.6

中国版本图书馆 CIP 数据核字（2019）第 238885 号

责任编辑：彭　波　　　责任印制：党　辉
封面设计：卜建辰　　　责任校对：李　丽

中国财政经济出版社 出版

URL：http://www.cfeph.cn
E－mail：cfeph@cfemg.cn

（版权所有　翻印必究）

社址：北京市海淀区阜成路甲 28 号　邮政编码：100142
营销中心电话：010－88191537
北京财经印刷厂印装　各地新华书店经销
710×1000 毫米　16 开　15 印张　200 000 字
2019 年 11 月第 1 版　2019 年 11 月北京第 1 次印刷
定价：68.00 元
ISBN 978－7－5095－9345－5
（图书出现印装问题，本社负责调换）
本社质量投诉电话：010－88190744
打击盗版举报热线：010－88191661　QQ：2242791300

前　　言

资本市场本质上是一个信息市场，投资者依据信息进行投资决策，资本也随着信息而流动。为保证有限资源的配置效率，公司信息透明度是关键，也是保证市场公正和有效的重要环节。提升公司信息透明度是缓解投资者由于信息不对称所面临的逆向选择与道德风险问题的途径之一。真实、充分、有效的信息披露可以提高公司信息透明度，高透明度意味着能够"透过现象看本质"，使用者能根据企业所提供的信息准确了解企业的财务状况、经营成果及风险程度等。

事实证明，低透明度会给公司带来一系列成本，例如，降低交易量及市场流动性，增加资本成本，加剧治理问题以及降低投资效率。降低的透明度已被证明与诸如国际多元化、技术引起的信息复杂性以及财务报表相关的复杂性有关。从世界各国关于公司治理信息披露的要求来看，大致可分为三部分内容：一是财务会计信息，二是非财务会计信息，三是审计信息。通常，公司治理信息披露从需求和受托责任上可分为三个层次：经营者向董事会进行信息披露、董事会向股东大会进行信息披露或责任说明、公司（作为法人）向社会各利益关系者进行信息披露。

本书以"公司综合信息透明度的经济效果"为主题展

开。遵循"公司综合信息透明度的决定因素→公司综合信息透明度的经济后果→得出研究结论"的思路。内容可分为上下两篇，上篇研究主题紧密围绕公司综合信息透明度的决定因素来分析，下篇研究主题从公司综合信息透明度对动态资本结构、债务融资成本以及公司治理机制有效性视角来分析，随后从市场流动性视角对公司治理机制做了较为全面的分析，这也是公司综合透明度经济后果之一。

具体而言，上篇从公司信息透明度的制度背景及现状分析出发，一是分析了制度变迁下的准则趋同与会计信息透明度。二是基于整合性报告趋势分析了准则趋同与信息不对称性。三是研究了机构投资者与公司综合信息透明度。下篇围绕公司综合信息透明度的经济后果来分析，首先分析了信息透明度与资本结构动态调整，其次研究了信息透明度与债务融资成本，再次基于透明度视角检验了公司治理机制有效性，并进一步从股票流动性视角研究了公司内部治理结构有效性。最后得出研究结论。

主要研究发现有以下几方面：

第一，现行会计准则实施后，信息不对称性显著降低。会计准则趋同确实能够有效降低或缓解信息不对称性，并且大规模公司的会计准则趋同在降低或缓解信息不对称性方面更加有效，能够更好实现资源配置。这一方面是对中国企业会计准则改革成效的检验，另一方面为今后中国企业会计准则的进一步完善提供了理论依据。

第二，证明了机构投资者发挥了监督作用，表现在其能够显著提升公司综合信息透明度（会计信息透明度、股价信息透明度、公司治理透明度），进一步采用联立方程模型，

前 言

厘清了机构投资者与公司信息透明度的因果关系，较为全面地证实了机构投资者持股比例对公司综合信息透明度显著的正向促进作用。

第三，信息披露质量、市场流动性均与资本结构动态调整速度显著正相关；并将信息质量分为高、低两组进一步研究，结果表明，信息披露质量越高，市场流动性对企业资本结构调整速度的正向作用会越强。并且，会计信息透明度能够显著降低债务成本。因此，提高我国证券市场会计信息透明度的整体水平，改善市场信息环境，能够显著降低债务资本成本。

第四，利用高频交易数据，从买卖价差、市场深度、换手率等指标中运用主成分分析方法提取综合流动性水平来衡量市场流动性，运用公司透明度的两个维度：会计信息透明度和内部信息透明度，研究发现，公司综合信息透明度能够显著提高市场流动性，其影响机制在于通过降低逆向选择成本中的信息成本和交易成本。这对提高市场质量具有理论和实践意义。

第五，以市场化进程视角为切入点，研究了公司治理维度与股票流动性之间的关系。从股东大会层面来看，第一大股东持股比例显著降低了股票流动性；独立董事比例、监事会规模及审计委员会的设立都能显著提升股票流动性，高层管理者方面的管理层薪酬也能显著提升股票流动性。其他维度诸如董事会规模、两职合一、管理层持股比例并不能显著提升股票流动性。

作者
2019 年 9 月

目　　录

第1章　导论 1
   1.1　研究背景及意义 2
   1.2　相关概念界定 7
   1.3　研究思路及内容 11

第2章　公司信息透明度的制度背景及现状分析 15
   2.1　公司信息透明度影响因素 16
   2.2　公司治理结构及制度背景 18
   2.3　公司信息透明度的制度变迁 35
   2.4　公司信息透明度的现状分析 37
   2.5　本章小结 41

第3章　制度变迁下的准则趋同与会计信息透明度 43
   3.1　问题提出 44
   3.2　文献回顾与理论分析 46
   3.3　研究设计 48
   3.4　实证结果与分析 52
   3.5　本章小结 61

第4章 综合报告趋势下准则趋同与信息不对称性 ········· 63
4.1 引言 ··· 64
4.2 文献回顾与理论分析 ································ 67
4.3 研究设计 ·· 70
4.4 实证结果与分析 ····································· 74
4.5 本章小结 ·· 82

第5章 机构投资者与公司综合信息透明度 ················ 85
5.1 引言 ··· 86
5.2 文献回顾与理论分析 ································ 87
5.3 研究设计 ·· 90
5.4 实证结果与分析 ····································· 96
5.5 本章小结 ·· 107

第6章 信息透明度与资本结构动态调整 ················· 111
6.1 引言 ··· 112
6.2 文献综述 ·· 114
6.3 理论分析与假说发展 ································ 123
6.4 研究设计 ·· 126
6.5 实证结果与分析 ····································· 130
6.6 本章小结 ·· 136

第7章 信息透明度与债务融资成本 ······················ 139
7.1 引言 ··· 140
7.2 文献综述 ·· 141
7.3 研究设计 ·· 143
7.4 实证结果与分析 ····································· 147

7.5　稳健性检验 …………………………………………… 154
　　7.6　本章小结 ……………………………………………… 155

第8章　基于透明度视角的治理机制有效性检验 ………………… 157
　　8.1　引言 …………………………………………………… 158
　　8.2　文献综述与理论分析 ………………………………… 160
　　8.3　研究设计 ……………………………………………… 163
　　8.4　实证结果与分析 ……………………………………… 167
　　8.5　稳健性检验 …………………………………………… 171
　　8.6　本章小结 ……………………………………………… 172

第9章　公司内部治理结构有效性：股票流动性视角 …………… 175
　　9.1　引言 …………………………………………………… 176
　　9.2　文献综述与研究假设 ………………………………… 177
　　9.3　研究设计 ……………………………………………… 182
　　9.4　实证结果与分析 ……………………………………… 185
　　9.5　本章小结 ……………………………………………… 193

第10章　结论及启示 ………………………………………………… 195
　　10.1　研究结论 ……………………………………………… 196
　　10.2　政策建议 ……………………………………………… 197

参考文献 ……………………………………………………………… 201
后记 …………………………………………………………………… 227

公司综合信息透明度的
经济效果研究

Chapter 1

第1章 导 论

1.1 研究背景及意义

资本市场本质上是一个信息市场，投资者依据信息进行投资决策，资本也随着信息而流动（叶建芳等，2009）。为保证有限资源的配置效率，公司信息透明度是关键，也是保证市场公正和有效的重要环节。提升公司信息透明度是缓解投资者由于信息不对称所面临的逆向选择与道德风险问题的途径之一。

真实、充分、有效的信息披露可以提高公司信息透明度，但公司究竟应该披露什么样的信息也没有一致的界定，这也造成了现有研究的百花齐放。已有研究较多采用深交所信息披露考评结果，如张程睿（2008）、高雷和宋顺林（2007）、李丹蒙（2007）、谭劲松等（2010）、陈小林和孔东民（2012）等。虽然信息披露考评结果能够在较大程度上反映公司信息透明度，但不够全面。1998年9月，巴塞尔银行监管委员会发布的"*Enhancing Bank Transparency*"研究报告中将透明度定义为"公开披露可靠与及时的信息，有助于信息使用者对银行的财务状况、业绩及风险等进行准确评价"。据此定义高透明度意味着能够"透过现象看本质"，使用者能根据企业所提供的信息准确了解企业的财务状况、经营成果及风险程度等。换言之，在现有的确认与计量框架下，通过有效的披露来增强会计信息的透明度，应当是一种可行的选择。从目前的各种论述及现有会计准则的要求看，有效的披露应当包括披露更多的信息（即"充分披露"），还包括以恰当的方式披露恰当的信息（即"相关性"和"重要性"）。因此，信息透明的质量特征应当包括：全面、相关、及时、可靠、可比、重大。实际上，公司信息透明度是一个综合的概念，迄今为止，也没有一个具体的定义。尽管如此，就投资者的角度而言，他们最为关注的是会计信息透明度，以及在资本市场上股价信息的透明度，这直接影响到他们的投资者决策。基于此，本书不仅从深交所信息披露考评的结果来分析公司信息透明度，更侧重于从投资者最为关心的会计信息透明度与股价信息透明度来分析，从这三个维度来分析公司综合信息透明度，在一定程度上会更加全面。

事实证明，低透明度会给公司带来一系列成本，如降低交易量及市场流动性，增加资本的债务和股权成本，加剧治理问题以及降低投资效率（e.g., Diamond and Verrecchia, 1991; Leuz and Verrecchia, 2000; Biddle and Hilary, 2006; Beatty, Liao and Weber, 2010; Miller, 2010; Lawrence, 2013）。降低的透明度已被证明与诸如国际多元化（Duru and Reeb, 2002）、技术引起的信息复杂性（Gu and Wang, 2005）以及财务报表相关的复杂性（Hodder et al., 2008）有关。

就公司治理角度而言，公司治理的信息披露要求大同小异。从世界各国关于公司治理信息披露的要求来看，大致可分为三部分内容：一是财务会计信息，包括公司的财务状况、经营成果、股权结构及其变动、现金流量等，财务会计信息主要被用来评价公司的获利能力和经营状况；二是非财务会计信息，包括公司经营状况、公司政策、风险预测、公司治理结构及原则、高层管理人员薪金等，非财务会计信息主要被用来评价公司治理的科学性和有效性；三是审计信息，包括注册会计师的审计报告、监事会报告、内部控制制度评估等，审计信息主要被用于评价财务会计信息的可信度及公司治理制衡状况。通常，公司治理信息披露从需求和受托责任上分为三个层次：经营者向董事会进行信息披露、董事会向股东大会进行信息披露或责任说明、公司（作为法人）向社会各利害关系者进行信息披露。

随着资本市场的发展，股权日益分散，董事会向股东大会和公司向社会进行信息披露的界限变得越来越模糊。因为大量的小股东只能通过公司向社会披露的信息来进行决策，他们无权或无意参与公司的重大决策。鉴于上述事实，不少国家都加大了对公司向社会披露信息的管制，要求公司广泛地向社会披露财务会计信息和非财务会计信息，这不仅针对潜在投资者和债权人，对众多小股东也有极大益处。深圳证券交易所于2006年发布《深圳证券交易所上市公司社会责任指引》，第三条明确指出："上市公司应在追求经济效益、保护股东利益的同时，积极保护债权人和职工的合法权益，诚信对待供应商、客户和消费者，积极从事环境保护、社区建设等公益事业，从而促进公司本身与全社会的协调、和谐发展。"为加强上市公司社会责任承担工作，上海证券交易所于2008年发布《上海证券交易所上市公司环境信息披露指引》，倡导公司可以在年度社会责任报告中披露每股社会贡献值，即在公司为股东创造的基本每股收益的基础上，增加公司年内为国家创造的税收、向员工支付的工资、向银行等债权人给付的借款利息、公司对外捐赠额等为其他利益相关者创造的价值额，并扣除公司因环境污染等造成的其他社会成本，计算形成的公司为社会创造的每股增值额，从而帮助社会公众更全面地了解公司为其股东、员工、客户、债权人、社区以及整个社会所创造的真正价值。国资委也于2008年发布《关于中央企业履行社会责任的指导意见》（国资发研究〔2008〕1号）指出，要推动中央企业在建设中国特色社会主义事业中，认真履行好社会责任，实现企业与社会、环境的全面协调可持续发展[①]。

公司治理信息披露的重点是财务会计信息。财务会计信息成为公司治理信息披露的重点是由其性质决定的。众所周知，公司财务状况和经营成果是评价公司股票价值最直接的依据，也是其他经济决策的最终体现。任何投资者都会对公司的财务会计信息极为敏感，即使是有关董事和经理人员的薪金也都是人们关注的焦点，经常会被用来作为评估其业绩的指标。在公司治理过程中，无论是股东还是其他利益关系者，都会对财务会计信息的真实性、相关性、完整性和及时性极

---

① 国资委研究室，关于印发《关于中央企业履行社会责任的指导意见》的通知，2008年1月4日，http://www.sasac.gov.cn/。

为关注,人们通过对财务会计信息的分析可获得许多重要而有价值的结论,这些结论直接或间接地影响着信息使用者的决策和行动。

从现代公司治理对财务会计信息披露的要求来看,不仅在财务会计信息质量上更加注重真实、相关、完整、及时,而且在内容上也有较大变化,由原先只关心事后核算信息,发展到关注公司未来的财务状况和经营成果。如随着市场竞争的加剧和规避风险的需要,预测公司盈利和风险已经成为财务会计信息披露的重点之一。这些要求和变化都促使公司治理财务会计信息披露向更高层次上迈进。应当说,所有对于公司治理重要的事项都应在发生时立即披露,但信息披露不能无理增加企业的成本负担,公司也不必披露可能危及其竞争地位的信息,除非这些信息对投资者充分了解投资决策和避免误导投资者是必需的。为了明确哪些信息是必须披露的,许多国家使用了"实质性"这一概念。实质性信息是指如果遗漏或谎报这些信息,将影响信息使用者的经济决策。另外,公司财务会计信息披露项目应易于理解,使信息使用者能通过正常渠道获得,并且信息获得成本不是过高。只有这样,才能充分发挥公司治理财务会计信息披露的作用。

此外,财务报告的目标在于提供关于公司现在和未来业绩的精确描绘。然而,传统的财务报告模型很难及时阐释商业创新的经济含义(Healy and Palepu,2001)。与此同时,随着利益相关者的兴起,传统的财务报告越来越不能完整地反映企业的价值,而作为补充的各种非财务报告又存在信息泛滥、内容重复等问题(周蕊等,2014)。在此背景下,2010 年 8 月,国际整合性报告委员会(IIRC)由英国查尔斯王子倡导成立的可持续性会计项目、全球报告倡议组织等机构成立,其宗旨是构建一套整合性报告框架,以期要求企业定期编制整合性报告(杨敏等,2012)。

IIRC 于 2013 年 12 月 9 日正式发布的《国际整合性报告框架》,系统规划了报告的宗旨与目标、报告编制的指导原则和内容(李妍锦,2017)。整合性报告旨在提高财务资本提供者可获取信息的质量，实现更具效率和效果的资本配置。在借鉴各种不同的公司报告流派的基础上，促成一种更连贯、更有效的公司报告方法，以反映所有对机构持续价值创造能力产生重大影响的因素。加强对广义资本（财务、制造、智力、人力、社会与关系以及自然）的问责制和受托经管责任，提高对资本间相互依赖关系的理解。支持以短期、中期和长期的价值创造为重点的整合思维、决策和行动。Abeysekera（2013）认为公司需要持续发布报告以告知利益相关者已经创建了投资者关系报告，其中财务信息和非财务信息都在一份报告中进行了说明。整合性报告不仅着重说明会计信息，还试图解释企业如何重新思考和整合其战略。但整合性报告仍处于起步阶段，Dumay等（2016）系统回顾了整合性报告的文献，以深入了解整合性报告研究如何发展，提供迄今为止对整合性报告研究的批判。他们指出，现有的大多数研究为整合性报告提供了规范性论据，但很少有研究检验整合性报告的实践。因此，呼吁进一步研究整合性报告在实务中的应用实践。整合性报告的发展也对公司信息透明度提出了更高的要求。

因此，对公司综合信息透明度的研究极具理论及现实意义：

其一，公司综合信息透明度是一个全面综合的信息质量概念，是评价公司综合报告质量的一个重要指标。它不仅是衡量会计信息质量的标准，更是确保契约有效履行的前提和基础。众所周知，人们从事经济活动所需的各类经济信息中，会计信息占了整个信息量的70%以上，会计信息的质量是会计工作的生命。不仅反映公司的受托责任，更重要的是服务于决策有用性。公司综合信息质量的高低对于企业能否实现其目标，发挥其作用关系密切。

其二，公司综合透明度能够增加信息的对称性，有效制约和规范信息强势方，可以确保投资者准确掌握一个投资项目蕴涵的真正价值。公司内部管理层和外部投资者之间的信息不对称以及存在的代理成本催生了公司信息披露的需要（Healy and Palepu，2001）。公司信息透明度的增加缓解了公司股东和管理层之间信息不对称问题。信息不对称问题和代理问题阻碍了资本市场资源的有效配置,而信息透明度在缓解这些问题上起着十分重要的作用。已有研究表明,通过降低投资者的估计风险和提高证券流动性,信息透明度有助于降低公司的资本成本,促进资本市场效率。信息透明度对资本市场发展的重要性使其成为实务界和学术界共同关注的焦点。

其三,公司综合信息透明度是资本市场有效运转的前提。按照市场经济理论分析,低信息透明度则会阻碍经济发展的健康运行,表现在资本市场上则会提高公司资本成本;高信息透明度则会促进经济的发展,降低其资本成本。健康运行的资本市场具有配置资源、价格发现、优化机制、分散风险的作用。而资本市场要发挥作用必须以公司综合信息的透明度作为前提,能够吸引战略性合作伙伴,从而获得相对较低的融资成本。如果公司综合信息虚假失真、披露不及时、透明度不高,就会使投资者的投资决策失误,以致带来损失,最终导致社会稀缺资源低效或无效配置,形成社会资源的一种浪费。

其四,会计信息透明度是股票市场透明度的重要组成部分,高透明度的会计信息可以降低资本市场的信息不对称和投资者的预期风险,引导投资者进行价值判断和理性决策,从而实现资源的优化配置。

1.2 相关概念界定

学术界对公司信息透明度至今还没有明确的定义,这在很大程度上取决于研究问题与研究目标不尽相同,实务中所说的透明度含义也比较宽泛与模糊。在很多研究中,并没有明确区分会计信息透明度、股价信息透明度与公司信息透明度。从名称上看,信息披露透明度、公司信息透明度与会计信息透明度经常混用。那么应该如何衡量公司信息透明度呢?透明度包括很多方面,财务或会计信息透明度仅是其中一个方面，此外，公司还披露诸如社会责任报告、内部控制报告等。因此，公司信息透明度是公司特定信息被投资者接受的程度，具体包括财务信息透明度和公司治理透明度（Bushman et al., 2004）。其中，财务信息透明度是指财务信息能够被投资者理解、解读与扩散的程度。公司治理透明度不仅取决于会计，还受到机构投资者、财务分析师和媒体参与的影响。但他们没有考虑资本市场信息透明度，即股价信息透明度。

由于概念界定的模糊，造成了现有研究对透明度衡量的多样化。现有研究对透明度的衡量方法大致可以分为两类：第一类是基于信息披露数量的透明度衡量方法，分为强制披露数量与自愿披露数量，该类方法主要通过建立信息披露指数。第二类是基于信息披露质量的透明度衡量方法。该类方法包括：直接使用有关组织的评价结果，如财务分析研究中心（CIFAR）、标准普尔的"透明度披露排名"、普华公司的"不透明度指数"；或者选择某些能够反映信息披露水平的特殊方面构建指标，如盈余激进度、收益平滑度、总收益不透明度等（Bhattacharya et al., 2003）。

基于以上分析，立足我国的体制特征与市场环境，本书认为公司透明度至少应该包括三个维度：会计信息透明度、股价信息透明度、公司治理透明度。主要变量定义如下：

第一，会计信息透明度。关于透明度的理解，一类观点认为是一个总体信息质量特征（魏明海等，2001；葛家澍，2004）；另一类观点强调了盈余质量的可靠性，将其定义为会计盈余对真实经济盈余的反映程度（Bushman et al., 2004；杨之曙和彭倩，2004；王艳艳和陈汉文，2006）。如果按照第二种理解，那么有关会计准则与盈余质量关系的研究都可归到此类中，这些研究主要考察了应计质量、盈余平滑度和损失规避度，在很大程度上都借鉴了 Bhattacharya 等（2003）和 Francis 等（2004）的方法来衡量会计信息透明度，国内学者大多借鉴了这种方法来衡量会计透明度（如王艳艳等，2006；

周中胜等,2008)。因此,本书选择盈余激进度(EA)和盈余平滑度(ES)这两个指标,并采用十分位数赋值方法计算综合会计信息透明度(ATran)这三种方法来测度会计信息透明度。盈余激进度计算方法:

$$EA_{i,t} = ACC_{i,t} = (\Delta CA_{i,t} - \Delta CL_{i,t} - \Delta CASH_{i,t} + \Delta STD_{i,t} - DEP_{i,t})/TA_{i,t} \tag{1-1}$$

其中,$ACC_{i,t}$为i公司t年应计项目,$\Delta CA_{i,t}$为i公司t年的流动资产变动额,$\Delta CA_{i,t}$为i公司t年的流动负债的变动额,$\Delta CASH_{i,t}$为i公司t年的货币资金变动额,$\Delta STD_{i,t}$为i公司t年的一年内到期的长期负债变动额,$DEP_{i,t}$为i公司t年的折旧和摊销额,$TA_{i,t}$为i公司t年期初总资产。ACC值越大说明公司具有更强的盈余激进动机,会计信息的透明度更低。

与Francis等(2004)的方法类似,定义盈余平滑度等于经营活动现金净流量变异程度与公司净利润变异程度之比。具体定义为:

$$ES_{i,t} = \sigma(NI_{i,t})/\sigma(CFO_{i,t}) \tag{1-2}$$

其中,下标i、t表示i公司第t年的值,NI表示公司净利润,CFO表示经营活动现金净流量,在计算标准差时,本书以(t-2,t)年内的标准差进行计算分析。ES的数值越大,说明盈余平滑度越低,公司会计信息的不透明程度则越高。

此外,还采用十分位数赋值方法计算综合会计信息透明度(ATran),ATran = [decile(EA) + decile(ES)]/2,与前两个指标一致,盈余平滑度越大,说明会计信息透明度越低。为了理解上的方便,后面的分析均将EA、ES、ATran这三个指标乘以-1(为避免混淆,仍然采用这三个符号),之后这三个指标越大就表明会计信息透明度也就越高。

第二,股价信息透明度。借鉴Durnev等(2009)的研究,对股价信息透明度采用能够表现公司特质信息的股票价格的同步性来衡量。如果公司股票收益与市场和行业因素高度相关,那么股票收益可能较少包含公司特质信息；如果股票收益变化与市场和行业收益不同步，表示股票价格包含更多的公司特质信息。构建下列回归模型：

$$r_{i,t} = \alpha_i + \beta_{1,i} r_{ind,t} + \beta_{2,i} r_{m,t} + \varepsilon_{i,t} \tag{1-3}$$

其中，$r_{i,t}$是公司i的周收益，$r_{ind,t}$是按照行业分类后行业价值加权收益，$r_{m,t}$是市值加权的市场收益。定义股价信息透明度：STran = $\ln[(1-R_i^2)/R_i^2]$，其中R_i^2表示拟合优度。R_i^2越大，股价信息透明度值越低，意味着单只股票收益与行业和市场指数越同步，股票价格包含较少的公司特质信息。

第三，公司治理透明度（Disc）。深交所信息披露考评涉及的方面包括信息披露、规范运作、监管措施和违规处罚等，这几个方面涉及内部控制的有效性，上市公司及其董事、监事、高级管理人员、控股股东、实际控制人被出具监管函，或受到行政处罚、通报批评和公开谴责等情况，而这些无不与公司治理相关，在某种程度上也是对公司治理信息的反应，因此，从这个角度来看，采用考评结果来衡量公司治理透明度是合适的。2001年深圳证券交易所发布了《深圳证券交易所上市公司信息披露工作考核办法》，每年定期对上市公司的信息披露工作实施考评，并分别于2011年、2013年修订。最近的一次修订则是2017年5月，为进一步加强对本所上市公司信息披露监管，提高信息披露质量水平，深交所发布《深圳证券交易所上市公司信息披露工作考核办法（2017年修订）》。考核办法指出，上市公司信息披露工作考核结果主要依据上市公司信息披露质量，同时结合上市公司运作规范程度、对投资者权益保护程度等因素，从高到低划分为A、B、C、D四个等级，分别赋值（Disc）为4、3、2、1，因此Disc数值越大，代表公司治理透明度越高。考核办法提到，对上市公司与深交所工作配合情况的考核主要关注以下内容：是否在规定期限内如实回复本所问询；是否按照深交所要求进行整改；公司相关人员是否按照要求接受深交所的约见谈话；公司相关人员是否按照深交所要求参加培训或出席会议；是否及时关注媒体报道，主动求证真实情况并及时回复深交所问询；公司发生异常情况时是否及时、主动向深交所报告；公司董事会秘书、证券事务代表是否与深交所保持畅通的联络渠道，联系电话、传真号码发生变化时是否及时通知深交所；是否在规定期限内完成深交所要求的其他事项。

因此，本书所指的公司综合信息透明度囊括以上三种类型的透明度，后续研究均在此范围内展开。尽管 Balakrishnan 等（2019）选择了逆向选择成分和分析师预测偏差作为公司信息透明度的替代，但虑及我国制度背景，一方面我国投资者以散户为主；另一方面，我国投资者类型尚处于由投机型向投资型的转化阶段。因此我国分析师预测作用稍逊于西方。当然，本书第 4 章也运用高频数据，通过买卖价差分解出的逆向选择成分作为信息不对称的替代做了分析。

1.3　研究思路及内容

本书以"公司综合信息透明度的经济效果"为主题展开。遵循"公司综合信息透明度的决定因素→公司综合信息透明度的经济后果→得出研究结论"的思路。大致可以分为上下两篇，上篇主要包括第 2 章到第 5 章，研究主题紧密围绕公司综合信息透明度的决定因素来分析，主要分析了最为核心的会计信息透明度，而这又离不开我国企业会计准则的国际趋同发展的要求，因此围绕准则的持续趋同以及蓬勃发展的机构投资者展开来分析；下篇主要包括第 6 章到第 8 章，研究主题从公司综合信息透明度对动态资本结构、债务融资成本以及公司治理机制有效性视角来分析，第 9 章则是从市场流动性视角对公司治理机制做了较为全面的分析，也是公司综合透明度经济后果之一，第 10 章是研究结论。

具体而言，各章内容安排如下：

第 1 章阐释本书研究的现实背景及意义，并对研究的核心概念公司综合信息透明度做了界定与分析，并简要介绍各章内容安排。

第 2 章是公司信息透明度的制度背景及现状分析。证券市场透明度是市场结构的基本目标之一，也是保证市场公正和有效性的重要环节（刘逖，2002；攀登和施东辉，2006）。国际证监会组织在《证券监管的目标和原则》（2003）中二级市场交易原则的第二十七条指出："监管应提高交易的透明度。"证券市场透明度会改善价格发现，同时能够增进公平竞争和市场吸引力。在实践上对于证券市场透明度具体披露到什么程度，世界各国各个证券交易所都在不断地进行探索。证券市场透明度可以有多种表现形式，公司透明度无疑是最重要的一种。公司信息透明度是指公司财务与管理信息的公开披露程度，由于投资者往往根据公司所披露的信息决定如何选择资产组合，因此上市公司信息透明度是维护资本市场有效运转的前提。本章不仅就公司信息透明度内外部影响因素做了分析，并从内部影响因素之一的公司治理结构及演变做了系统梳理，而且就公司信息透明度的制度变迁及现状做了分析。

第 3 章是制度变迁下的准则趋同与会计信息透明度。会计信息透明度是股票市场透明度的重要组成部分，高透明度的会计信息可以降低资本市场的信息不对称和投资者的预期风险，引导投资者进行价值判断和理性决策，从而实现资源的优化配置。会计准则趋同的主要目的之一就是提升会计信息透明度，但效果如何还有待检验。基于此，与以往不同的是，本章选择 2007～2010 年同时发行 A 股和 H 股的公司作为研究样本，构建会计准则趋同指数，从相对直接的视角进行研究，结果发现，会计准则趋同确实提升了会计信息透明度，能够更好地实现资源配置。广义最小二乘法和动态面板 GMM 回归结果进一步证实了该结论。这说明我国会计准则的改革是富有成效性的。

第 4 章是整合性报告趋势下准则趋同与信息不对称性。在整合性报告趋势下，对准则持续趋同与信息不对称的研究显得很有必要。选

第1章 导　　论

择中国 2005～2008 年同时发行 A 股和 H 股的公司作为研究样本，研究了会计准则趋同与信息不对称性之间的关系，得出基本结论：现行会计准则实施后，信息不对称性确实得到显著降低，并且会计准则趋同程度较高组的信息不对称性显著低于会计准则趋同程度较低组。回归结果进一步表明，会计准则趋同确实能够有效降低或缓解信息不对称性，并且大规模公司的会计准则趋同在降低或缓解信息不对称性方面更加有效。这一方面是对中国企业会计准则改革成效的检验，另一方面为今后中国企业会计准则的进一步完善提供了理论依据。

第 5 章是机构投资者与公司综合信息透明度。本章以 2002～2014 年深交所上市公司为研究样本，综合运用会计信息透明度、股价信息透明度、公司治理透明度三个维度来度量公司综合透明度，基于静态和动态角度的研究发现，对于三个维度的信息透明度，机构投资者持股比例均表现出显著的正向促进作用。由于机构投资者与公司信息透明度的关系比较复杂，本章又采用联立方程模型，进一步研究了机构投资者与公司信息透明度的因果关系，较为全面地证实了机构投资者持股比例对公司综合信息透明度显著的正向促进作用。

第 6 章是信息透明度与资本结构动态调整。信息质量和市场流动性均会影响企业资本结构动态调整。基于 2010～2014 年深交所上市公司为样本，研究了分层信息质量、市场流动性与资本结构动态调整的关系。结果发现，信息披露质量、市场流动性均与资本结构动态调整速度显著正相关，并将信息质量分为高、低两组进一步研究，结果表明信息披露质量越高，市场流动性对企业资本结构调整速度的正向作用会越强。

第 7 章是信息透明度与债务融资成本。随着经济的发展，高质量的信息披露将引导资源的合理流动与分配，提高资本市场的效率，会计信息透明度与企业融资成本越来越受到关注。本章以 2009～2012 年 A 股上市公司为研究样本，研究了会计信息透明度对债务成本的影响。结果表明：会计信息透明度能够显著降低债务成本。进一步按照规模分组研究后发现，公司规模比较大的公司，会计信息透明度对债务资本成本的影响比较小，而对于公司规模比较小的公司，结果十分显著。这可能是由于公司规模不同，投资者对其抵御风险能力的认知不同而导致的。稳健性分析表明研究结果依然成立。因此，提高我国证券市场会计信息透明度的整体水平，改善市场信息环境，能够显著降低债务资本成本。

第 8 章是基于透明度视角的治理机制有效性检验。流动性是资本市场的生命力所在，而信息透明度则是影响流动性的重要因素。本章利用高频交易数据，从买卖价差、市场深度、换手率等指标中运用主成分分析方法提取综合流动性水平来衡量市场流动性，运用公司透明度的两个维度：会计信息透明度和内部信息透明，研究了公司信息透明度对综合市场流动性的影响。研究发现：公司综合信息透明度能够显著提高市场流动性，其影响机制在于通过降低逆向选择成本中的信息成本和交易成本。这对提高市场质量具有理论和实践意义。

第 9 章从股票流动性视角研究了公司内部治理结构有效性。本章选取 1998~2015 年沪深 A 股主板非金融类上市公司为样本，以市场化进程视角为切入点，运用混合 OLS、中位数回归、面板模型及 Tobit 回归等稳健性检验方法，研究公司治理维度与股票流动性之间的关系。研究发现：从股东会层面来看，第一大股东持股比例显著降低了股票流动性；独立董事比例、监事会规模及审计委员会的设立都能显著提升股票流动性，高层管理者方面的管理层薪酬也能显著提升股票流动性。其他维度诸如董事会规模、两职合一、管理层持股比例并不能显著提升股票流动性。

第 10 章则是本书研究结论及未来研究展望。

公司综合信息透明度的
经济效果研究
Chapter 2

第2章 公司信息透明度的制度背景及现状分析

证券市场透明度是市场结构的基本目标之一，也是保证市场公正和有效性的重要环节（刘逖，2002；攀登和施东辉，2006）。国际证监会组织在《证券监管的目标和原则》（2003）中二级市场交易原则的第二十七条指出："监管应提高交易的透明度。"① 证券市场透明度会改善价格发现，同时能够增进公平竞争和市场吸引力。在实践上对于证券市场透明度具体披露到什么程度，世界各国各个证券交易所都在不断地进行探索。证券市场透明度可以有多种表现形式，公司透明度无疑是最重要的一种。公司信息透明度是指公司财务与管理信息的公开披露程度，由于投资者往往根据公司所披露的信息决定如何选择资产组合，因此上市公司信息透明度是维护资本市场有效运转的前提。本章不仅就公司信息透明度内外部影响因素做了分析，并从内部影响因素之一的公司治理结构及演变做了系统梳理，而且就公司信息透明度的制度变迁及现状做了分析。

2.1　公司信息透明度影响因素[②]

公司信息透明度的影响因素无外乎外部及内部影响因素。通常而言，公司信息透明度的外部影响因素有法律环境、政府干预及市场监管、行业性质等。

其一，法律环境。一个地区的法制环境，对投资者的保护力度等影响着公司对财务信息的披露质量。研究发现普通法系国家更注重对信息的公开披露，其会计信息也会更及时更稳健，而成文法系的国家更多的是股东之间相互协商解决财务问题。而且财务透明度与政治经济环境也有关，政治经济环境越稳定，对公司的规范、监督越好，公

---

① 详情请参见 http://www.iosco.org/library/pubdocs/pdf/IOSCOPD154.pdf。
② 本小节主要参考了 MBA 智库百科关于公司信息透明度的内容，https://wiki.mbalib.com/。

第 2 章 公司信息透明度的制度背景及现状分析

司的财务透明度会相对增加。

其二，政府干预及市场监管。一般情况下，有政府参与或控股的公司或者政治关联度高的公司比民营公司的信息公开披露程度低，政府为了隐瞒其对公司的利益侵占和人事安排，而抑制公司信息公开对外披露的程度。因国家对公司的征税比较重，特别是对高盈利公司的财富剥夺，导致公司过多操纵应计利润，使信息披露质量降低。市场监管对信息的披露质量有很大的影响，中国证监会对公司的监管力度越大，公司的财务信息披露质量会越高。通过强制上市公司对其财务报表、内部控制等披露，对一些存在重大利润操纵行为的规范和相关规定的修改。如股票上市的关联交易约束、公司配股资格的修改、融资政策的变更等，以达到提高公司透明度的目的。但是，由于我国上市公司和证券市场仍处于初级阶段，一些监管政策的实施没有达到预期的效果。

其三，行业性质。不同的行业对信息披露程度要求是不一样的。如高新技术行业，因研发支出大、风险高、产品的科技含量高和竞争性强，投资者、债务人、竞争对手等对其披露的信息比其他行业更为敏感，所以对其信息披露的程度要求更高。不同的行业，其信息披露对权益资本成本的反应也是不同。高新技术或新兴产业公司，因其竞争性强，产品的差异性大，如果其信息披露程度太低，信息不对称性高，会产生很高的额外资本成本。所以信息披露对公司权益资本成本的变动影响很大。

而公司信息透明度的内部影响因素主要是公司治理因素。主要表现在：一是股权结构。管理层持股比例、股权集中度、两权分散程度等共同影响着公司的代理问题，并对高级管理层的信息披露策略及公司透明度产生影响。管理层持股比例越高，其虚假利润的意愿越小，企业的信息披露质量会提高。根据研究表明公司的股权集中度与其信息质量存在负相关关系。而且公司的最终控制权和所有权的分离差距越大，公司的信息披露质量越低。但是低的管理层持股比例和高的国家持股比例会增加公司自愿性信息披露水平，在一定程度上也影响着公司信息的透明度。二是董事会结构和外部董事的独立性。董事会结构越合理，外部董事的比例越大、持股比例越高、担任其他公司外部董事的数量越少，那么公司财务报表的欺诈可能性就会降低，公司会增加自愿披露，财务报告质量会越好。而董事长与总经理是否两职合一对公司透明度具有负面影响，独立董事在董事会的比例越高，企业的信息披露水平越高。三是公司特征。公司信息披露与公司本身的性质和特征有着很大关系，例如，公司规模越大，资产管理问题就越多，那么相关信息真实性就会变弱。企业业绩越好，财务结构越低，公司透明性就越小，而所处行业、所在地区等都会影响公司信息透明度。

此外，还有税收政策的激进度。尽管合理的税收筹划能够降低企业的税收负担，但是其会增加企业财务信息的复杂度，降低了报表使用者、财务分析师等对企业的财务状况信息了解的程度，从而降低了企业的财务信息透明度。而激进的税收政策会在更大程度上来操纵应计利润，增加财务报表使用者的信息不对称程度，降低财务报告的质量。所以企业要权衡好企业透明度与税收筹划的激进度。

2.2 公司治理结构及制度背景

所谓公司治理结构，是指为实现资源配置的有效性，所有者（股东）对公司的经营管理和绩效进行监督、激励、控制和协调的一整套制度安排，它反映了决定公司发展方向和业绩的各参与方之间的关系。典型的公司治理结构是由所有者、董事会和执行经理层等形成的一定的相互关系框架。根据国际惯例，规模较大的公司，其内部治理结构通常由股东会、董事会、经理层和监事会组成，它们依据法律赋予的权利、责任、利益相互分工，并相互制衡。公司治理结构主要

第2章 公司信息透明度的制度背景及现状分析

解决三个基本问题：一是如何保证投资者（股东）的投资回报，即协调股东与企业的利益关系；二是企业内各利益集团的关系协调，包括对经理层与其他员工的激励，以及对高层管理者的制约；三是提高企业自身抗风险能力。

西方的公司治理结构通常有英美模式、日本欧洲大陆模式等。英美模式认为在企业中的组织是以平等的个人契约为基础。股份有限公司制度制定了这样一套合乎逻辑的形态，即依据契约向拥有剩余收益索取权并承担经营风险的股东赋予一定的企业支配权，使企业在股东的治理下运营，这种模式可称为"股东治理"模式。它的特点是：公司的目标仅为股东利益服务，其财务目标是"单一"的，即股东利益最大化。在"股东治理"结构模式下，股东作为物质资本的投入者，享受着至高无上的权力。它可以通过建立对经营者行为进行激励和约束的机制，使其为实现股东利益最大化而努力工作。但是，由于经营者有着不同于所有者的利益主体，在所有权与控制权分离的情况下，经营者有控制企业的权利，在这种情况下，若信息不对称，经营者会通过增加消费性支出来损害所有者利益，至于债权人、企业职工及其他利益相关者会因不直接参与或控制企业经营和管理，其权益也必然受到一定的侵害，这就为经营者谋求个人利益最大化创造了条件。

日欧尊重人和，在企业的经营中，提倡集体主义，注重劳资的协调，与英美形成鲜明对比。在现代市场经济条件下，企业的目标并非唯一的追求股东利益的最大化。企业的本质是系列契约关系的总和，是由企业所有者、经营者、债权人、职工、消费者、供应商组成的契约网，契约本身所内含的各利益主体的平等化和独立化，要求公司治理结构的主体之间应该是平等、独立的关系，契约触及的各方称为利益相关者，企业的效率就是建立在这些利益相关者基础之上的。为了实现企业整体效率，企业不仅要重视股东利益，而且要考虑其他利益主体的利益，一个采取不同方式的对经营者的监控体系。具体讲就是，在董事会、监事会中，要有股东以外的利益相关者代表，其目的旨在发挥利益相关者的作用。这种模式可称为共同治理模式①。

2.2.1 现代企业制度的建立

1978年党的十一届三中全会拉开了改革开放的帷幕，开始进行扩大企业自主权、利润分成、放权让利、利改税、利税分流等改革，为企业松了绑，使其拥有了部分决策权和财权，并开始以合同管理的形式确立政府和企业之间的经济关系；在企业决策机制方面，开始实施厂长负责制。这一时期，行政型治理有所松动，公司改革有所前进，但如何规范公司治理仍没有被明朗化。

1993年11月14日党的十四届三中全会通过《中共中央关于建立社会主义市场经济体制若干问题的决定》（以下简称《决定》），明确指出现代企业制度的中心内容是：中国国有企业改革的方向是建立适应市场经济要求的"产权明晰、政企分开、管理科学"。社会主义市场经济体制开始建立，让市场发挥对资源配置的基础性作用，并开始根据市场经济要求，建立现代企业制度，标志着国有企业制度改革和产权改革的全面展开，也标志着经济型治理正式导入国企改革。《决定》首次明确地指出国有企业改革的方向是建立现代企业制度，所有的企业都要沿着这个方向努力，而且提出建立现代企业制度是为适应社会化大生产、社会主义市场经济的要求。

2.2.2 公司法的制定与实施

1993年12月29日第八届全国人民代表大会第五次会议通过《公司法》，首次将"法人治理结构"明确表述为股东大会、董事会

---

① 本部分主要参考了MBA智库百科关于公司治理结构的内容，https：//wiki. mbalib. com/。

第2章 公司信息透明度的制度背景及现状分析

和监事会三个公司机构及其相互关系。公司法的实施保障了公司制企业的快速发展，现代企业制度开始建立。吴敬琏（1994）明确指出了公司治理或法人治理就是现代企业制度的核心。

《公司法》将"法人治理结构"明确表述为股东大会、董事会和监事会三个公司机构及其相互关系。由此，产生了新老三会之间的协调问题。所谓"新三会"，是指常态公司治理机构中的股东会、董事会和监事会；"老三会"是传统企业组织制度中的党委会、职代会和工会。法人治理结构的关键是建立有效的监督制约机制，而"老三会"也有监督制约的能力，"新三会"和"老三会"在职能方面有所相同，这引发了如何将"老三会"与"新三会"更好地协调和衔接起来的一系列问题。

卢昌崇（1994）认为试行股份制以及按现代企业制度要求重新改组国有企业以来，在公司治理机构设计方面一个最大的难题就是如何协调"新三会"与"老三会"的关系。"新三会"是公司制企业治理机构的主体框架，在创立现代企业制度过程中必须坚持；我国公司中"老三会"的设置就是一种制衡机制，在监督和制衡经营者、把握企业发展方向上仍然发挥着不可替代的作用，"老三会"是传统企业制度中的精髓，是我国政治制度在国民经济基层单位的具体体现，在公司化改组过程中不可废弃。米长存（2000）认为"新三会"的主要职能之一就是监督经营权的正确行使，"老三会"也具有监督厂长、经理正确行使职责权力，因此"新三会""老三会"结合的基点也应该放在监督制约上。在建立现代企业制度过程中，只要明确法人治理结构的关键是建立有效的监督制约机制，在监督制约上做文章，积极探索，"新三会""老三会"一定能很好地结合在一起，相互配合，相互补充，共同担负起监督制约的重任，保证国有企业健康发展。李华玲（1995）认为进行股份制改造的企业，大多会碰到如何处理"老三会"和"新三会"的问题，甚至很多企业还面临着"六会"并存的情况。"新三会"是股份公司的行政管理系统，是公司行政组织结构中的重要组成部分，应依法建立，依法履行其职责、权力。职消、合并、替代、同化、削弱"新三会"的做法都是不规范的；股份公司中不应再保留"老三会"这一说法。虽然股份公司中不应再有"老三会"的提法，但仍应设立党委会和基层工会。

全国人大常委会于1993年12月29日通过的《公司法》和1995年9月10日发布并实施的《商业银行法》基本对公司治理结构方面的事项作出相关的法律规定。但其相关规定过于笼统且缺乏惩处规定。例如，"通过法律的规定，完善企业的治理，使内部机构纷繁、不合理的情况得到改善，合并内部机构，取消那些毫无用处、形同虚设的机构；金融机构之间的投资与参股以及控股都以法律的行使得到允许；执法和监管机构能够独立的行使职能，不受影响；利益相关者权利的维护也应明确到公司的经营目标中去，而不仅仅只是维护股东利益；确立职工董事与监事的选举机制，职工代表大会拥有选举与罢免他们的权利，并且明确职工董事与监事的数量与地位，并维护其独立性与合法权益"。《公司法》并未对监事会履行监督职能的程序性保障措施加以创设，导致我国企业监事会监督权形同虚设，监事会缺少对董事会的行为制约措施。

2.2.3 证券法的制定与实施

为促进上市公司科学制定公司章程，提升公司治理水平，保护投资者合法权益，进一步优化营商环境，中国证监会于1997年12月16日发布并实施了《上市公司章程指引》以及第九届全国人民代表大会常务委员会第六次会议于1998年12月29日修订通过了《证券法》。

1999年9月22日，党的十五届四中全会通过的《中共中央关于国有企业改革和发展若干重大问题的决定》中"公司法人治理结构是公司制的核心"被正式提出。同时，提出的还有"双向进入、交叉任职"的领导体制，即国有独资和控股公司的党委负责人可以通过法定程序进入董事会、监事会，董事会、监事会、经理层及工会中的党员负责人，可以依照党章及有关规定进入党委。至此，公司治理的重要性已经得到广泛的认识，并且随着经济的不断发展，如何建立当下同市场竞价相匹配的公司治理模式是摆在研究者面前的一个重要课题。

2.2.4 公司治理模式的建立

伴随着公司法的实施和国企改革的推进，以及现代公司治理模式的构建，在这个新制度与旧制度交替的时期，公司治理的最大问题是内部人控制问题，即在法律体系缺乏和执行力度微弱的情况下，经理层利用计划经济解体后留下的真空对企业实行强有力的控制，在某种程度上成为实际的企业所有者，国有股权虚置。政府主导型治理模式内部机制的主要特点是"内部人控制"。现有的产权理论与转轨经济的研究表明，在国有产权为主导的制度安排下，政府职能的"缺位"容易导致"内部人控制"问题，即政府部门下放了企业的经营管理权，而新旧制度交替，由"老三会"向"新三会"过渡，相关部门没能有效地控制和监督企业经营者的行为，致使企业经理人员能够为牟取个人私利而损害企业出资者的权益。由于时代呼唤，放权让利改革应运而生，但是物极必反，改革带给企业的确是高层管理人员不受约束的经营自主权。在没有内外监督的情况下，把所有者排除在企业之外，内部人控制企业，全权经营资产，掌握着企业的最终控制权。

张春霖（1995）认为内部人控制会对企业的经济效率有一定的积极影响，从长远来看，内部人控制是不利于企业健康发展的。吴有昌（1995）研究表明，内部人控制对企业来说不是一件好事情，因为内部人追求其自身利益最大化，而不是股东利益的最大化，所以内部人控制会导致资源配置的低效率，它不仅损害了企业的利益，也会对社会造成不好的影响。应展宁（2004）认为由于中国的股权分置以及外部约束机制失效，持有非流通股的控股股东及其代理人作为"内部人"基本可以为所欲为，以各种"合法"的财务行为侵害流通股股东权益，进而导致财务决策机制扭曲。

刘立国和杜莹（2003）的研究考察了股权结构和董事会特征两个方面，结果发现，法人股比例、内部人控制制度等与财务报告舞弊的可能性正相关。朱松（2006）研究表明，最终控制人的控制权比例与会计盈余信息含量显著正相关，两权（现金流量权与控制权）背离程度越高，盈余信息含量越低，国家为最终控制人的上市公司控制链越长，能降低政府干预程度，其盈余信息含量越高，而非国家实质控制的上市公司则正好相反。

内部人控制使公司各种权力集中在少数人甚至是一个人手中，纵使公司有一系列的股东大会、董事会和监事会，也使其流于形式，极易偏离公司最佳利益、忽略股东利益最大化的目标。解决内部人控制问题需要结合我国转轨时期特殊的制度环境。张维迎（1995）提出推进国有企业的产权改革以及建立健全对经营者的激励和约束机制可以有效地解决内部人控制问题；杨瑞龙和周业安（1998）认为完善国有企业的公司治理结构能有效地遏制内部人控制；林毅夫（2005）则认为健全国有企业的外部环境和相关法律可以解决内部人控制问题。

事实上，我国公司中"老三会"的设置就是一种制衡机制，其主要作用就是使内部人互相监督。卢昌崇（1994）发现，即使现在"新三会"是公司制企业治理机构的主体框架，"老三会"作为我国政治制度在国民经济基层单位的具体体现，在监督和制衡经营者、把握企业发展方向上仍然发挥着不可替代的作用。李稻葵（1999）认为政府控制最有利的手段就是直接任命企业管理者，在来自内部治理和外部市场的激励和约束机制都不能有效发挥作用之前，行政手段不会被市场手段取代，职位、仕途和社会目标等的激励和约束机制仍发挥重要的作用，政府监控有助于限制企业内部人员的滥用权力行为，进而降低代理成本。钟海燕等（2010）也通过经验研究证实了行政干预能约束内部人的机会主义行为，使公司投资行为反而优于受内部人控制的公司，有效抑制了代理冲突问题的发生。

2001年8月16日，中国证监会发布《关于在上市公司建立独立董事的指导意见》，这是中国首部关于在上市公司设立独立董事的规范性文件。独立董事属于外部董事，相对于内部董事，外部董事并不依赖于CEO，在利益上也独立于公司，因此能够更好地监督管理层。从声誉机制考虑，独立董事也不会和管理层串通一气。无论是委托代理理论还是资源依赖理论，无疑都在强调独立董事在董事会中所行使的监督和咨询职能。但上市公司独立董事的"独立性"到底有多高？这是一件值得斟酌的事，我国上市公司独立董事是由董事会提名产生，其待遇福利等由董事会决定，内部人控制是我国公司的普遍特点，董事会的决策权也通常在少数人手中，因此，独立董事会受制于内部人控制的董事会，并不能代表广大股民、中小投资者，来监督公司管理者。由此可以看出独立董事并不"独立"，同时可以看到我国大多数上市公司通常只保留满足规定最少的独立董事，因此大部分学者对独立董事是否发挥监督作用持否定意见。

从促使独立董事进行监督的声誉机制来看，唐雪松、杜军和申慧（2010）通过研究独立董事发表否定意见而离职后的新任职情况，发表"不"的独立董事离职概率较高，但独立董事发表独立意见后到其他公司任职的可能性并未因意见类型不同而有所差异，即独立董事不存在因传递声誉机制而进行监督的动机。支晓强和童盼（2005）在基于独立董事"用脚投票"假说和意见购买假说的基础上，考察了盈余管理和控制权转移对独立董事变更的影响，发现独立董事的独立性并不强，因为公司实际控制者会选择自己的"独立董事"。如赵昌文（2008）发现，独立董事在公司治理中的积极作用得到了明显体现，不同背景的独立董事作用不同。具体来说，具有行业专长、学术机构背景、政府关系、管理经验以及国际背景的独立董事对企业价值有显著的促进作用；而独立董事的学历、银行工作经历、会计师资格、律师资格、工作经历的丰富程度、社会声誉、年龄、性别等特征对企业价值则没有显著影响。

2002年1月7日，中国证监会发布了《上市公司治理准则》。中国证监会发布的一系列关于公司治理的文件，进一步强化了行政管制的方向，在选择公司治理模式时，必须考虑的一个问题是政府在公司治理扮演何种角色，怎样合理地干预公司治理。值得一提的是，中国的监管层曾对多个大股东的股权结构进行倡导，认为公司内存在多个大股东是一种较为理想的股权机构，能够相互监督，相互制衡。例如，中国《上市公司治理准则》（2002）第十五条指出："控股股东对拟上市公司改制重组时应遵循先改制、后上市的原则，并注重建立合理制衡的股权结构。"因此，在早期的一些文献中，对多个大股东的讨论多归结为股权制衡，并研究了其公司治理成效。

与许多国家的上市公司一样，我国多个大股东的股权结构也普遍存在。基于股权制衡的角度，国内研究一部分认可股权制衡的正向作用，如白重恩等（2005）发现第二到第十大股东持股之和与公司价值正相关；李琳、刘凤委和卢文彬（2009）认为股权制衡降低了企业经营风险，对实现公司绩效的发展和稳定至关重要。但是，多个大股东相互制衡真的就很完美了吗？如果多个大股东相互制衡是最优的股权结构，为什么还会有东北高速退市的发生？"一股独大"真的不好吗？在我国社会主义市场经济体制初步建立和成功加入世贸组织（WTO）的背景下，党的十六大报告提出进一步深化国有资产管理体制改革的总体部署，持续推进公司治理改革。2003年10月14日党的十六届三中全会通过的《中共中央关于完善社会主义市场经济体制若干问题的决定》提出要更大限度地发挥市场在资源配置中的基础性作用，并认为"产权是所有制的核心和主要内容"，由此催生了国有资产监督管理委员会作为代表国家履行出资人职责、管人管事管资产相结合的国有资产监管体制,并开始推进国有资本投资公司试点、混合所有制经济试点、董事会授权试点等重要的治理改革举措。《中共中央关于完善社会主义市场经济体制若干问题的决定》还指出"按照现代企业制度要求,规范公司股东会、董事会、监事会和经营管理者的权责,完善企业领导人员的聘任制度。股东会决定董事会和监事会成员,董事会选择经营管理者,经营管理者行使用人权,并形成权力机构、决策机构、监督机构和经营管理者之间的制衡机制"。这为完善公司法人治理结构做出了贡献。

在国有企业改革的过程中,还有一个大问题就是由内部人控制所带来的国有资产流失问题。自20世纪90年代开始,国有企业改革中的"国有资产流失"问题一直被人们广为诟病,因此国企高管对"国有资产流失"讳忌莫深,唯恐被人冠以"国有资产流失"的帽子。在国有企业中,国有资产所有者代表"缺位",一部分企业在经营管理不善的情况下,效益逐年递减,国有资产难以实现保值或增值,致使国有资产大量亏损,加上社会风气每况愈下,高层领导人的责任感和职业道德缺失,导致贪污、腐败等职务经济问题时有发生,无法有效遏制国有资产的流失。虽然国有企业改革的进程一直持续进行着,但由于国有企业产权本质上是一种国家与国有企业的委托代理关系,由国家代表全体人民行使国有资产产权。张维迎(1995)认为国家和全体人民是一个相对抽象的概念,是法律上的企业资产所有者,没有动力也没有能力去监督和约束代理人,因此,国有企业一直受到所有者缺位以及由此带来内部人控制问题和国有资产流失问题的困扰。

尽管为了缓解所有者缺位问题,我国在2003年成立了国有资产监督管理委员会,但由于现实问题的复杂性,内部人控制以及国有资产流失问题依然很严重。袁志刚(1995)认为内部人控制会导致国有资产流失的不良后果。钱颖一(1995)发现国有企业内部人控制会导致国有资产流失、国企效益低下以及社会不公平、腐败等不良的社会后果，国有资产流失、自发性私有化以及与之相关的腐败所产生的最大社会问题是公众的不满，国有资产流失和自发私有化的继续进行只能是腐败现象增加，不可能产生一个稳定的、运转良好的市场经济。钟海燕等（2010）研究表明，国有企业改革过程中控股股东类型的多元化趋向，国有企业倾向于采用多层级的控股结构方式，致使控制链条不断增加，内部人控制问题仍然十分严重。

部分学者从党组织角度入手，认为党组织参与公司治理角度可以使其成为国有内部人控制的重要制衡力量，能够在一定程度上缓解国有企业的内部人控制问题，进而可能会有效抑制潜在的"国有资产流失"问题。杨丹（1999）认为虽然国有资产或股权的低价转让并不一定就等价于"国有资产流失"，但如果转让价格较低，被他人误认为"国有资产流失"的可能性较大，因此，当国有企业党组织参与治理时，可能会有效阻止国有资产或股权的低价转让，进而表现出较高的并购溢价。陈仕华（2014）发现，国有企业党组织参与治理有助于抑制国有资产或股权的低价转让，国有企业在出售国有资产或股权时索要的并购溢价水平会相对较高，进而有效抑制了潜在的"国有资产流失"问题，这是国有企业党组织好的一面，不过，党组织参与治理也可能会因为国有资产或股权转让过程中索价较高而不利于并购交易的顺利进行，这却是国有企业党组织不好的一面。

由于我国公司实践起步较晚、市场发展迅速等多方面原因，1993年颁布的《公司法》虽然有230条之多，但条文存在着原则性强、可操作性差、法律漏洞多等诸多不足，在实际应用中问题颇多。2005年10月修订后的《公司法》，对1993年《公司法》做了比较全面的修订。《公司法》中明确体现出了企业的独立经济利益。2005年《公司法》修改完善了公司法人治理结构方面的规定，包括完善了股东会和董事会制度，充实了股东会、董事会召集和议事程序的规定；增加了监事会的职权，完善了监事会会议制度，强化了监事会作用；增加了上市公司设立独立董事的规定；公司董事和高级管理人员对公司的忠实和勤勉义务以及违反义务的责任，作出了更为明确具体的规定。这些修改和补充，对于贯彻党的十六大和十六届三中全会提出的"完善公司法人治理结构"的要求，保障公司的规范运作和有效管理，推进国有企业继续进行规范化的公司制改造，维护出资人权益，提供了法律制度上的支持。

虽然在国有企业的改革中股东主权已得到肯定，但是国有股仍占主导地位，导致股东大会变成大股东会的问题，政府实际操控着企业，使国有企业成为非真正意义上的企业。国有企业内部拥有股东会、董事会和监事会以及党委会、职代会和工会的监控机制，配合外部的治理机制使国有企业在监管方面非常严格，但是纷繁复杂的治理程序大大降低了企业的治理效率，这也是国有企业在市场竞争中逐渐处于下风的原因所在。此外，政府的国有企业股东身份会使政府对国有企业的干预顺理成章。而且，我国《公司法》规定了党对公司的监督职能以及重大经营决策的权利，在具体运作实践中，高管的决策制定需要充分考虑党委会的意见。国有资产所有者代表"越位"影响国有企业管理，政府对国有公司横加干预，在激烈的市场竞争中，公司丧失了独立的决策权和人事权，致使竞争力难以得到提高。政府作为实际操控者干预公司的治理，由于政府所处的地位致使国有企业很难建立有效的监控体系，造成政府自治自监。

在企业目标这一根本问题上，政府的目标是社会利益最大化，为了这一目标，政府往往会放弃利润最大化目标，如雇用过多的劳动力以实现充分就业。作为实际控制人，政府的目标必然会影响到所控制着的国有企业的目标，国有控股公司承担的政策性任务就会有损于公司价值最大化。此外，政府干预会增加公司冗余雇员规模，体制僵化，以及国企效率低下。

有研究发现政府对管理层权力的干预不利于公司绩效。马连福等（2013）发现党组织干预会让公司承担较多的冗余雇员。但同时，更多的研究发现了政府干预的正面影响，例如，政府对大股东权力干预有助于抑制大股东窃取公司利益，进而有助于改善公司绩效；政府干预对国企改革过程中的内部人控制问题以及国有资产流失问题有着积极的影响。黄兴孪和沈维涛（2009）考察政府干预与内部人控制对并购绩效的影响时，发现政府干预有助于抑制内部人控制带来的不利影响，进而对并购绩效有积极影响，但政府干预要适度，过犹不及。钟海燕等（2010）考察了政府干预情况下内部人控制的控制权安排对公司投资行为的影响，发现政府干预较强的公司的投资效率要优于内部人控制的公司，虽然政府干预可能有追求非经济效率的弊端，但它也有抑制内部人控制带来不利影响的好处。

从现有的文献看，大多数研究认为国有股会对公司治理产生负面的影响。例如，杜莹和刘立国（2002）从股权结构的质、量两个方面对中国上市公司的股权结构和公司治理效率进行了实证分析，发现国家股比例与公司绩效显著负相关。王化成和佟岩（2006）研究则发现，控股股东的持股比例与企业的盈余质量显著负相关，控股股东为国有股时盈余质量更低，其他股东的制衡能力越强则盈余质量越高。平新乔、范瑛和郝朝艳（2003）认为，在现存的国有企业体制下，代理成本使企业效率只达到了30%~40%。李寿喜（2007）发现国有企业的代理成本明显高于私人产权企业。中山大学管理学院课题组（2008）通过对珠三角非上市企业进行研究，发现私有产权控股的非上市公司治理结构明显好于国有产权控股的非上市公司。与此同时，另有学者认为国有股权的公司并不劣于其他股权，如李骥、孙健敏、刘向阳和巴曙松（2005）认为，企业的完全非国有化并没有促使企业努力发展具有竞争力的核心业务，完成非国有化的企业往往倾向于业务多元化，而这些多元化的企业在绩效方面并不比仍有国家持股的股份企业表现得更好。武常岐和钱婷（2011）认为，政府通过将国有企业的具体经营控制权划转给企业集团，可以使产权明晰，有效减轻第一类代理问题，但会加剧国有企业间股东的代理问题。

同时，股权集中也引发很多问题，其中最重要的就是分散的公众

第2章 公司信息透明度的制度背景及现状分析

股东不能对公司产生直接的影响,缺乏控制力,往往只能受制于大股东。尤其是我国上市公司,虽然不会产生唯一大股东的现象,但在大股东之间,持股的比例也相差悬殊,公司事项的决策以简单多数与一股一票为原则,在这种原则下,往往会使第一大股东控制了公司的经营方向,拥有了对公司重大决策与董事选举方面的绝对决策权。因此,我国上市公司实际上已沦为大股东的一人公司。这种"一股独大"的现象极大地削弱了股东制衡机制的产权多元化,也背离了现代股份公司产权主体的多元化。

针对前面问题,必须采取的措施是减持国有股,减少国有持股股权的比例,可以促使各利益相关者,如大股东、中小股东和经营管理者的目标一致,改进上市公司治理绩效、发挥资本市场合理配置资本的功能和提高我国证券市场效率。政府面临的许多现实问题使国有企业带有浓厚的行政色彩,市场经济要求市场来引导商品的生产、供应与销售,但我国资本市场、产品市场和金融市场还未成熟,国有股又不能自由流通,所以对公司治理监督的责任仍然得由政府来承担,来自政府以外的外部监督难上加难,政企分离也成为一个大难题。经济的发展迫使国有企业旧的治理模式被打破,但是随着新的治理模式的配套措施还未设置,所以监督实效就成为一个不可避免的现象。由于减少国有持股股权的比例对证券市场有很大的冲击作用,在社会广泛接受的、不损害国有股东及中小股东的利益的前提下,采取如协议转让、各方都能接受的市场转让等方式。2007年7月1日国务院国资委、中国证监会公布了《国有股东转让所持上市公司股份管理暂行办法》;2007年6月28日国务院国资委《国有单位受让上市公司股份管理暂行规定》《上市公司国有股东标识管理暂行办法》,对股权分置改革后国有单位转让和受让上市公司的方式、定价原则、审核程序、转让或受让方资格、协议签订、价款支付等方面作了规范性要求",并明确了相关各方的责任。这样确实降低了国有股的比例,减少了政府对国有企业的干预,促进了资本市场的流动,提高了国有企业的治理能力。

但是，这并不意味着就禁止大股东的存在，而是要求一种有利于公司发展、经营激励的股权结构，有些学者认为股权占有额度相对大的股东与其他大股东存在的结构才是合理的股权结构。虽然，很多人批评我国上市公司控股股东"一股独大"，但实践和学术研究表明大股东持股比例过高并不是完全不好，存在即有其合理性，在大股东持股比例很高时，从而利益协同效应占据上风，这有利于公司绩效的改善和价值提升；备受人们推崇多个大股东的"股权制衡"也不尽完美，依然有因多个大股东相互争夺控制权、长期斗争而被退市的东北高速。

唐宗明和蒋位（2002）研究了上市公司大股东利用控制权对中小股东所进行的侵害，且通过国际比较认为，中国内地的大股东侵害程度高于英美和亚洲地区的日本、新加坡等国家以及中国香港特别行政区，但低于泰国、菲律宾。通过对配股的上市公司的股权融资偏好进行研究，张祥建和徐晋（2005）发现，大股东在实行股权融资之后，通过各种可能的"隧道"行为从上市公司转移财富，从而侵害中小股东利益，使公司价值下降。另有一些研究则得出了相反的结论，如蒲自立和刘芍佳（2004）认为大股东虽然获取了控制权私有收益，但也使公司的绩效得到了提升。同时，也有学者考虑到股东持股与公司绩效之间的非线性关系，认为大股东一方面发挥着积极的作用，另一方面又存在着侵占中小股东利益的行为。例如，曹廷求、杨秀丽和孙宇光（2007）以2004~2006年上市公司为样本，发现无论是采用中间所有权还是终极所有权，股权集中度与公司绩效都呈现左低右高的"U"形曲线形状。肖作平（2006）以审计质量为评判标准，发现第一大股东持股比例与审计质量呈倒"U"形关系，当第一大股东持股比例低于48.56%时，审计质量随着第一大股东持股比例的上升而上升；当第一大股东持股比例高于48.56%时，审计质量随着第一大股东持股比例的上升而下降。李新春（2008）综合考虑了大股东的监督效应和侵占效应，以及管理者的利益趋同效应和壕堑效应，发现监督效应和侵占效应在中国民营上市公司中均发挥作用，企业大股东易于勾结起来和高管形成串谋侵占小股东利益，但当股权超过绝对控股附近水平时，大股东勾结其他股东和高管层形成共谋体对实质性小股东的侵占效应得到弱化，从而更利于其监督效应的发挥；同时，壕堑效应与利益趋同效应在中国民营上市公司中同样发挥作用，即随着股权逐渐增加，利益趋同效应转向壕堑效应。然而，朱红军和汪辉（2004）通过案例研究发现，股权制衡模式并不一定比"一股独大"更有效率。在多个大股东存在的公司内，董事会同样会被某个大股东完全控制，在巨大的控制权收益的驱动下导致各股东之间激烈的公司控制权争夺战。孙兆斌（2006）也认为在当前的制度下，控股股东的"支持效应"大于"掏空效应"，股东间的制衡对提高上市公司的效率毫无作用。

2.2.5 全面深化改革阶段

在明确"发挥市场在资源配置中的决定性作用"后，我国开始进入进一步全面深化改革阶段，而在国企改革方面，主要推进以下几方面工作：一是进行分类改革，按照2015年8月24日党中央、国务院发布的《关于深化国有企业改革的指导意见》的要求，将国有企业界定为商业类和公益类，使国有资本进一步向重要行业和关键领域集中；二是推进战略重组，进一步向优势企业集中，国务院国资委监管的企业已经降至不到100家；三是处理"僵尸企业"，贯彻"三去一降一补"的供给侧结构性改革；四是贯彻"做强、做优、做大国有资本"的要求，进一步推进高质量发展；五是完成中央企业由"企业"向"公司"转变的历史过程，根据2017年7月18日《中央企业公司制改制工作实施方案》要求，2017年年底中央企业全部完成改制任务。

《上市公司治理准则》初步建立起上市公司治理的规范要求，但该准则出台后多年未修订，很多治理准则已不符合当前公司治理发展要求，为推动上市公司建立和完善现代企业制度，规范上市公司运作，促进我国证券市场健康发展，2018年9月30日，证监会发布修订后的《上市公司治理准则》。

通过几十年的共同努力，中国特色社会主义市场经济体制逐渐完善与成熟，适应了激烈的全球市场竞争并且在竞争中不落下风，并且能很好地应对全球性的金融危机。在这种带有先进性的经济体制下，我国公司治理的发展作为经济发展不可或缺的一部分正日益受到人们的关注。与其他转轨经济体不同，我国转轨经济特殊制度还使国有企业面临一个重要的约束条件，即党组织干预的制度约束。我国长期沿用"党政合一"的政治体制，并且党组织在国有企业中的政治核心地位将长期保持不变，使党组织参与公司治理成为我国国有企业公司治理的一大特色。

相关规定更是使我国国有企业党委会具备了参与公司治理的主体资格。《中共中央关于国有企业改革和发展若干重大问题的决定》要求加强党对国有企业改革和发展工作的领导："加强和改善党的领导是加快国有企业改革和发展的根本保证。……坚持党的领导，发挥国有企业党组织的政治核心作用，是一个重大原则，任何时候都不能动摇。（国有）企业党组织的政治核心作用主要体现在：保证、监督党和国家的方针政策在本企业的贯彻执行；参与企业重大问题决策，支持股东会、董事会、监事会和经理（厂长）依法行使职权。"新《公司法》还规定"在公司中，根据中国共产党章程的规定，设立中国共产党的组织，开展党的活动。公司应当为党组织的活动提供必要条件。马连福等（2012，2013）发现党组织的治理参与能够提高公司治理水平和董事会效率，且党组织的治理参与会增加公司冗余雇员规模，有助于降低公司高管的绝对薪酬，抑制高管攫取超额薪酬，缩小高管与普通员工之间的薪酬差距。陈仕华（2014）发现国有企业党组织参与治理时，国有企业在出售国有资产或股权时索要的并购溢价水平会相对较高；并且，在诸多不同情景中，例如，党组织成员参与不同治理主体、卖方国企的不同企业性质、买方企业的不同企业性质，党组织的治理参与对并购溢价水平的影响也存在差异。

2.3 公司信息透明度的制度变迁

资本市场上的投资者主要是通过上市公司披露的信息来进行决策的，证券监督管理机构对上市公司的了解和监督也主要是通过上市公司发布的信息来进行监督的，所以上市公司披露的信息的真实性就显得尤为重要，需要各项制度和法律法规的监管约束来对其进行规范。我国上市公司公开发布信息的主要监管方式有相关部门制定企业会计信息披露制度、完善企业会计准则等相关法律法规等。会计信息披露制度是各国证券法律制度的重要内容。我国的证券市场在经过了十几年的发展后，上市公司会计信息披露的监管制度也在不断地完善并与在监管制度与国际企业会计信息披露制度接轨方面取得了一定的成绩。

我国上市公司会计信息披露质量的监管主要有外部监管体系和内部监管体系。外部监管体系的发展主要是从 1992 年 11 月开始的，上市公司的会计信息披露质量为了满足国家证券监管体系的要求，成立了国务院证券监督管理委员会和中国证券监督管理委员会来对上市公司公开的会计信息披露的质量进行监管和监督。证券监督管理委员会主要站在国家角度颁布相关法律法规来对上市公司的会计信息披露质量进行监督检查。另外，所有上市公司发布的会计信息主要是在证券交易所上公示，社会公众了解上市公司会计信息的一个重要渠道就是证券交易所，所以证券交易所也是一个很重要的上市公司会计信息披露质量的一个外部监管角色，如深交所每年对上市公司的会计信息披露质量进行考评并发布考评结果，就在一定程度上约束了上市公司的会计信息披露质量。注册会计师及会计师事务所行业也是一个很重要的外部监管体系，并且随着相关监管法律的出台与实施越来越明显地发挥出作用，注册会计师开始敢于拒绝企业提出的不合理要求并通过自己工作的开展来纠正企业会计信息披露的错报现象，注册会计师的独立性在不断提高，审计报告揭示企业风险及会计报表信息的真实性越来越趋于真实。

我国对上市公司会计信息披露质量进行约束的法律法规主要有《公司法》《证券法》《股票发行与交易暂行条例》和《公开发行股票公司信息披露实施细则（试行）》；另外，证监会也制定了相关的规范条例对上市公司进行会计信息披露时进行了约束；注册会计师和会计师事务所的工作规范与行业管理条例也在一定程度上对上市公司的会计信息披露质量进行了约束。

目前，我国会计信息披露制度出台过相关的法律法规，有重叠、矛盾的条文，而上市公司则一方面会选择对自己有利的条例来进行会计信息的披露；另一方面就会选择不予披露相关信息，这样最终导致了我国上市公司会计信息披露较为混乱的现状。并且，由于我国证券市场处于一个不断发展的过程，会计信息披露制度也处于不断调整完善的过程，我国的会计信息披露制度也在不断发展中，为了使会计信息披露制度与资本市场的不断发展相适应，也为了我国不断与国际接轨的企业会计准则相适应，监管部门会对信息披露制度进行修订，上市公司处于这种制度变化不断更新变化的环境中，难免会有企业趁势钻法律的漏洞来进行会计信息造假的情况。

另外，按照企业会计准则的要求，目前我国上市公司会计信息披露质量的要求开始转向保护投资者利益的角度，为了保护投资者的利益，上市公司披露的会计信息必须向投资者提供在质量上必须真实，在时间上必须及时，在数量上一定要充分满足投资者的使用这样的信息，如果出现提供虚假会计报表，误导投资者利益的上市公司的事件是要受到惩罚的。从目前来看，我国上市公司向投资者提出来的会计信息中存在最为严重的问题就是会计信息失真的普遍现象。并且，我国企业会计造假的方式多种多样，方式多样的造假手段导致使用者难以辨别真伪，最终的结果是使广大利益相关者的利益受到损害。究其原因，主要是因为企业是以盈利为目的的，大部分企业为了实现自己的目标会选择较多地披露对自己有利的会计信息，而对企业的负债、贷款、或有负债、关联交易等重大事项不予充分披露或者是根本不披露，所以一些上市公司的财务报表大多是不完整的。

随着证券市场的不断发展，投资者也越来越开始关注企业非财务信息披露的内容及企业自愿披露信息的内容，因为这些内容的披露在一定程度上可以弥补投资者处于信息劣势的一个缺陷，从而降低投资者及其他利益相关者利益受到损失的可能性，但从目前来看，我国绝大多数上市公司有的只是披露了法律要求披露的信息，而对企业的非财务信息和自愿披露的信息是少之又少。

2.4 公司信息透明度的现状分析

资本市场是一个信息市场，证券市场通过发布的信息来引导投资者做出投资决策，引导资本市场的资金流向，发挥资本市场的资源配置作用。上市公司披露的会计信息在资本市场的资源配置作用中发挥着很关键的作用。真实、有效、及时的上市公司信息，能够减少资本市场的交易成本，减少交易时间，成交量能相应提高，资本运作效率提高，社会收益也可以大大提高，反之，如果资本市场发布的信息不真实，就会造成资本市场的资源配置作用受到阻碍。因此，为了我国资本市场的健康有效运转，能够发布到资本市场平台的上市公司会计信息必须是真实、可靠、及时的。上市公司进行会计信息披露对资本市场的资源配置作用的关键问题就在于资本市场的信息是否真实、有效、及时。如果上市公司发布的会计信息更加真实、充分,那么就可以提高资本市场的流动性水平,充分地发挥证券市场的资源配置作用。

对于上市公司来说,定期按时真实有效地发布企业会计信息是一项很重要的任务,但从目前上市公司信息披露来看还存在着诸多不足:

受会计制度的影响。上市公司会计信息披露之前都需要有一定的投入,这些投入都需要付出一定的成本,这些成本主要包括信息披露的成本和泄漏公司商业机密后的处于竞争劣势可能遭受到不可预测的损失成本。信息披露成本主要指的是所有的上市公司都需要建立必要的财务会计披露政策及财务系统,配置相关的会计人员,按照会计披露制度进行会计信息披露。竞争劣势成本主要指的是企业由于披露了会计信息,利益相关者或者是竞争对手就会加深对自己公司的了解,从而改变营销策略或者谈判策略,也就是说会出现"我在明、敌在暗"的一种被动局面,使自己处于竞争劣势的状态,处于竞争劣势的企业为了弥补自己可能遭受的损失就会加强会计人员培训,操纵会计信息披露的真实性,这中间的所有成本就是竞争劣势成本。

上市公司会计信息透明度与上市公司披露会计信息的成本之间存在着一定的相关关系。如果企业对自己的会计人员进行会计准则制度等相关的培训,为了某些目的需要充分地进行会计信息披露以达到自己的目标时,上市公司就会要求会计人员花费更多的时间和精力来准备,这个过程就需要投入很大的人力、物力,所以会计信息披露的成本相应就会增加,可想而知,这样的会计信息披露的准备工作肯定在一定程度上会使上市公司的会计信息透明度水平得到一定的提高。反之,如果当上市公司陷入某种运营危机,但又不愿意将这个信息发布给社会公众时,相应就会采取减少会计信息披露的策略,或者是对有的信息给予隐瞒,根本不向外界披露此类信息,上市公司采取这样的

第2章 公司信息透明度的制度背景及现状分析

策略相应的会计信息披露的成本就会降低，可想而知，上市公司的信息透明度水平由于披露的不充分而降低。另外，企业在考虑会计信息披露的充分性时还会考虑可能泄露企业商业机密的问题，如果此类信息被过分披露时，竞争对手或者是其他的利益相关者就会依据这些信息来调整自己的决策，而这些决策可能会给上市公司带来一定的损失，所以上市公司在考虑信息披露的真实性与充分性时往往会有很多的顾虑，而这些上市公司越是有顾虑的信息恰恰是能够影响投资者以及潜在投资者做出投资决策时特别关心的重要的相关的信息。所以对于企业来说，揭露太充分的会计信息可能会涉及企业的商业秘密，企业披露的会计信息越充分，信息披露成本越高，但是企业效益却没有相应增加，从而使企业处于竞争劣势。现实中，企业在面对会计信息披露的质量要求与可能面临泄露企业信息而处于竞争劣势的这一矛盾时，往往会选择披露较低程度的信息，从而使外部利益相关者对公司的了解程度降低，企业信息不对称程度提高。

但是，不能因为以上的原因就减少会计信息披露，降低会计信息披露程度。为了公司自身长期稳定发展，规模不断壮大、效益不断提高，需要引入更多外部投资者加入企业，但是如果上市公司披露的会计信息不够真实、不够充分，无法满足利益相关者的信息需求，是很难达到企业不断发展的目标的，因此，会计信息的披露必须要真实、充分；另外，上市公司会计信息披露质量的提高、会计信息透明度水平的增加，可以提高证券市场上流动的信息质量的提高，为更好地发挥资本市场资源配置的作用提供保障，提高信息透明度水平，减少交易成本，使证券交易活跃程度提高，这对于整个国民经济的持续增长也是有益的。

资本市场的一个重要作用就是向社会公众发布信息，这些信息要能够真实充分地披露不确定性与风险的问题，以满足利益相关者的需求，但是，目前我国的上市公司会计还存在着较大的问题不能够满足这些需求，究其原因主要有以下几个方面：

首先，上市公司有很多利益相关方，每一个利益相关方都为了自己的利益需要获知上市公司的某些真实信息，但是由于经营权与所有权的分离，发布上市公司信息主要掌握在管理层手中，而由于企业治理结构的存在，管理层为了自己获得更高的收益，往往会选择向其他利益相关方发布对自己有利的信息，而对于影响自己利益的信息则选择避而不谈，这样导致会计信息在一定程度上"失真"，从而使企业会计信息使用者处于信息劣势。

其次，作为一个营利性的组织，上市公司的目标是实现企业利益的最大化，因此，为了实现企业利益最大化的目标，管理层都会选择对自己有利的信息对外公布。例如，当一个企业的财务水平达不到预期时，会计造假往往会成为企业管理层的首选。企业会对自己公司的资产或者是收入进行虚增，以此来提高公司的股价，而对公司的负债、借款、贷款、未决诉讼、或有负债等重大事项避而不谈。甚至，有的上市公司为了使自己公司的会计报表更加吸引投资者的目光，会采用一些非常恶劣的手段来欺骗投资者，如有的会在企业财务报告中动一下手脚来进行掩盖和粉饰，而外部投资者及其他利益相关者却对这样的事情是完全不知道的，如果在这样的情况下做出了投资决策，可想而知，投资者及其他利益相关者的利益受到损失是在所难免的。其实，作为会计人员，在这个过程中应该遵守企业会计职业道德，但是上市公司为了虚增企业资产、粉饰企业的经营业绩给会计人员提出客观的利益，相当一部分的会计人员会选择向利益低头而按照当局的意思，编制虚假的财务信息并对外界发布。对于此类现象，我国目前还是没有相应的很有效的监管体系。

最后，注册会计师及会计师事务所是监督上市公司会计信息披露质量的重要的监管机构，但这种监督权的授予主要掌握在被管理者管理层的手中，也就是说，上市公司会计信息披露质量把关的监督者是由企业自己来决定的，这样的结果是造成了监管机制的不力。根据调查，注册会计师基本上不太愿意违背被审计单位管理层的意愿，这样的结果是，企业会计信息披露在内外部双重监管的机制下依然是真的，企业的会计信息透明度水平也是可想而知的。

2.5 本章小结

公司信息透明度是指公司财务与管理信息的公开披露程度，由于投资者往往根据公司所披露的信息决定如何选择资产组合，因此上市公司信息透明度是维护资本市场有效运转的前提。其影响因素无外乎外部及内部影响因素。通常而言，公司信息透明度的外部影响因素有法律环境、政府干预及市场监管、行业性质等。公司信息透明度的内部影响因素主要是公司治理因素。

因此，本章首先阐释了影响公司信息透明度的外部及内部影响因素；其次，着重从内部影响因素的公司治理结构及制度背景做了分析；最后就公司信息透明度的制度变迁及现状做了分析，为后面章节的分析奠定基础。

公司综合信息透明度的
经济效果研究

Chapter 3

第3章　制度变迁下的准则趋同与会计信息透明度

会计信息透明度是股票市场透明度的重要组成部分，高透明度的会计信息可以降低资本市场的信息不对称和投资者的预期风险，引导投资者进行价值判断和理性决策，从而实现资源的优化配置。会计准则趋同的主要目的之一就是提升会计信息透明度，但效果如何还有待检验。基于此，与以往不同的是，本章选择2007～2010年同时发行A股和H股的公司作为研究样本，构建会计准则趋同指数，从相对直接的视角进行研究，结果发现，会计准则趋同确实提升了会计信息透明度，能够更好地实现资源配置。广义最小二乘法和动态面板GMM回归结果进一步证实了该结论。这说明我国会计准则的改革是富有成效性的。

3.1 问题提出

会计准则国际趋同是一个国家经济发展和适应经济全球化的必然选择。2008年国际金融危机爆发后，二十国集团（G20）峰会、金融稳定理事会（FSB）倡议建立全球统一的高质量会计准则，着力提升会计信息透明度，将会计准则的重要性提到了前所未有的高度。会计作为国际通用的商业语言，全球通用的高质量会计准则已经成为各国共同努力奋斗的目标。近年来，会计准则国际趋同取得巨大进展，国际财务报告质量不断提高，会计透明度不断提升，会计在全球经济中逐步承担起越来越重要的责任，在资本市场稳健有序发展中发挥着不可替代的作用。国际会计准则的趋同，有助于促进资本市场对资源的配置功能，更有利于保护新兴资本市场广泛投资者的利益。国际会计准则理事会（IASB）也积极采取措施提高会计准则质量。在此背景下，中国发布了《中国企业会计准则与国际财务报告准则持续趋同路线图》，旨在实现中国企业会计准则与国际财务报告准则的持续趋同。与此同时，财政部会计司课题组（2011）研究指出从2007年所有上市公司实施新企业会计准则以来，上市公司执行企业会计准则总体情况良好，企业会计准则连续四年得到平稳有效实施。

会计准则国际趋同包括形式上的趋同和实质上的趋同，所谓"形式上的趋同"是指会计准则制定的趋同，而"实质上的趋同"是指会计准则执行的趋同，即会计实务和财务报告的趋同。从形式上来看，我国会计准则与国际会计准则的差异确实已经很小，我国会计准则的国际趋同取得了巨大成果。但是，会计信息编报者和使用评价者更关心会计准则实质上的趋同，因为只有实质上的趋同才能"真正实现财务报告的可比性，从而为投资决策和宏观调控等提供有用的会计信息"（魏明海，2003）。随着中国会计准则与国际会计准则差异的逐步缩小，本章关注的问题是：作为准则持续趋同的主要目的之一的会计信息透明度是否得到提升？会计准则的趋同与会计信息透明度是什么关系？

会计信息透明度是股票市场透明度的重要组成部分（Bushman et al.，2004）。高透明度的会计信息可以降低资本市场的信息不对称和投资者的预期风险，引导投资者进行价值判断和理性决策，从而实现资源的优化配置（周中胜等，2008）。同时借助于会计透明度也能在一定程度上提高财务列报的可靠性，化解某些模糊的数字，更好地帮助财务报告使用者进行决策（葛家澍等，2011）。因此，对会计准则趋同是否提升会计信息透明度的研究就显得很有必要，这也是对我国会计准则趋同效果的一个检验。本章的贡献主要体现在：（1）以会计信息透明度为新的研究切入点，分析了会计准则趋同对信息透明度的影响，从新的视角及较为稳健的动态面板 GMM 方法论证了我国会计准则的改革是富有成效性的；（2）沿着"会计准则趋同——信息透明度——信息披露质量"的分析思路，突出了信息透明度提升作用机制的认识，也有助于深入挖掘信息披露质量进一步提升的作用机理。

3.2 文献回顾与理论分析

国外关于会计透明度的研究有直接采用有关组织建立的衡量指标，如普华永道2001年发布的"不透明指数"、标准普尔的透明度和披露评价体系（简称T&D评级）、财务分析和研究中心（CIEAR）的信息披露评价体系以及美国投资管理和研究协会（AIMR）的披露指数等。这方面的研究主要有Welker（1995）、Lang和Lundholm（1993，1996）、Healy等（1999）。国内较早论及会计透明度的是魏明海等（2001），他们较早探讨了会计信息透明度的内涵及提升会计信息透明度的实现方式。

与本章相关的文献可以分为两类：第一类是从会计盈余稳健性、价值相关性角度来分析企业会计准则趋同效果，如崔学刚和张宏亮（2010）认为我国2006年《企业会计准则》的实施较大幅度地提高了A股报告的盈余稳健性。薛爽等（2008）、余波（2009）发现在新准则下净资产和盈余信息具有更高的价值相关性，中国会计准则国际趋同取得了良好的趋同效果。吕晓燕和张滕滕（2010）研究发现AH公司双重披露的净资产、净利润、经营现金净流量无显著性差异，双重披露的差异呈现阶段性显著缩小的趋势，说明新会计准则与国际财务报告准则实现了实质上的趋同，但并没有同步实现国际趋同。刘永泽等（2012）研究表明，我国企业会计准则已经较好地实现了转换和过渡，执行效果较好，且企业会计准则与国际财务报告准则实现了国际持续趋同。这方面的其他研究还有张铁铸和周红（2006）、王华和刘晓华（2007）、王建刚和朱金一（2009）等。基本结论为会计准则国际化改革形式上趋同促进了实质上的趋同，提高了会计盈余质量。第二类是研究会计（公司）信息透明度的影响因素。这方面的研究在很大比重上是从公司治理的

第3章 制度变迁下的准则趋同与会计信息透明度

角度来分析，如杨之曙和彭倩（2004）、王艳艳和陈汉文（2006）、张程睿和王华（2006）、周中胜和陈汉文（2008）、高雷和宋顺林（2007）等，并分析了影响透明度的主要因素，上市公司所在地区的市场化程度越高、审计意见为标准无保留、企业规模越大、会计绩效越好、银行负债率越低的公司有更高的公司透明度，提高公司高管人员的持股比例与第一大股东持股比例、扩大董事会的规模可以增加公司透明度。

关于透明度的理解，一类观点认为是一个总体信息质量特征（魏明海等，2001；葛家澍，2004），另一类观点强调了盈余质量的可靠性，将其定义为会计盈余对真实经济盈余的反映程度（Bushman et al., 2004；杨之曙和彭倩，2004；王艳艳和陈汉文，2006）。如果按照第二种理解，那么有关会计准则与盈余质量关系的研究都可归到此类中，这些研究主要考察了应计质量、盈余平滑度和损失规避度，在很大程度上都借鉴了 Bhattacharya 等（2003）的方法。Bhattacharya 等（2003）就是用盈余激进度、盈余平滑度和损失规避度来度量盈余不透明度的。一些研究者认为如果会计准则变迁能够增加信息透明度，那么分析师预测的准确性就会提高，股价波动的同步性也会减弱。

从会计提供的信息来看，会计的目的就在于为财务报表的利益相关者提供相关、可靠、可比和真实的信息，降低资本市场上信息风险，进而减少资本市场的"逆向选择"行为。从经济学角度来看，会计信息有助于提高资本、资产和其他资源的配置效率，降低交易成本。这也是全球会计准则趋同的一个基本出发点。会计准则趋同的主要目的之一就是要提高会计信息透明度，而会计信息透明度是会计信息质量的主要特征之一。因此，对于我国会计改革及其效果评价一直激发着会计学者的研究热情。如姜国华等（2006）、王建刚和朱金一（2009）、崔学刚和张宏亮（2010）、吕晓燕和张滕滕（2010）等。但也有学者持不同观点，刘峰等（2004）分析了会计准则提高与会计信息质量的关系，他们提出了一个关于会计信息质量影响因素的分析框架，在此框架基础上，研究发现会计准则与会计信息质量之间缺乏一种稳定的关联性。因此，会计信息质量的治理需要多方共同协作，才能达成提高资本市场会计信息质量的目标。2007 年施行的企业会计准则是国际趋同的集中体现，这为研究会计信息透明度提供了机会。但现有文献多侧重于透明度影响因素以及其价值相关性的研究，鲜有针对会计准则趋同与会计信息透明度的研究，这造成在检验会计准则趋同效果方面的不完整性，这也正是本章研究的出发点。

由于从 2005 年开始，新"香港财务报告准则"（HKFRS）与国际会计准则全面接轨，两者完全相同，已经实现了从体系到条文与国际准则的趋同（刘玉廷，2007），并且香港证券市场效率相对更高，因此，本章将采用同时发行 A 股、H 股的公司作为样本，研究会计准则趋同与会计信息透明度之间的关系，一方面探索会计准则趋同的目的是否能够得以实现；另一方面也试图评价我国企业会计准则的趋同效果，从而为评价我国会计改革效果与推进会计准则的国际等效提供经验支持。

3.3 研究设计

3.3.1 样本与数据

香港联合交易所《证券上市规则》要求所有在香港联合交易所上市的公司均须遵守香港会计准则，如果公司注册地在香港以外，也可以按照国际财务报告准则编制会计报表。因此，香港上市公司在编制财务报告时有两个选择：一是采用香港会计准则，二是采用国际财务报告准则（IFRS）。但从 2005 年开始，新"香港财务报告准则"(HKFRS)与国际准则全面接轨,两者完全相同,已经实现了从体系到条文与国际准则的趋同(刘玉廷,2007)。而内地则从 2007 年开始实行新企业会计准则,由于在编制的依据以及具体的会计处理方法等方面存在差异,AH 公司双重披露的年度报告所包含的会计信息不完全一致,这为本章的研究创造了条件。

以上述样本为基础,本章选择施行新企业会计准则后,即选择 2007~2010 年同时发行 A 股和 H 股的公司作为研究样本。截至 2010 年年底,同时发行 A 股和 H 股的公司有 66 家,剔除出具非标准审计意见公司,剔除金融类行业以及数据缺失的观测值,最终研究样本为 39 家公司。在样本期间,准则变化主要涉及企业合并、分部报告、综合收益等的解释性公告,涉及的会计事项对本章并无明显影响。对涉及所有连续变量数据均进行了前后 1% 的截尾处理(Winsorize)。所用数据均来源于 CSMAR 数据库和 RESSET 数据库。

3.3.2 模型与变量

$$
\begin{aligned}
TRANS_{i,t} = & \alpha_0 + \alpha_1 CVG_{i,t} + \alpha_2 DUAL + \alpha_3 BN_{i,t} + \alpha_4 INDEP \\
& + \alpha_5 TOP1_{i,t} + \alpha_6 SIZE_{i,t} + \alpha_7 LEV_{i,t} + \alpha_8 ROE_{i,t} \\
& + \alpha_9 GROW_{i,t} + \alpha_{10} AGE_{i,t} + \alpha_{11} EIPS_{i,t} + \alpha_{12} MKT_{i,t} \\
& + \sum \alpha_{1,t} YEAR_t + \sum \alpha_{2,t} IND_t \quad\quad (3-1)
\end{aligned}
$$

其中,下标 i,t 表示 i 公司第 t 年的值,TRANS 表示会计信息透明度,主要借鉴 Bhattacharya 等(2003)和 Francis 等(2004)等的方法来衡量会计信息透明度,国内学者大多借鉴了这种方法来衡量会计透明度(如王艳艳等,2006;周中胜等,2008)。因此,本章选择盈余激进度(EA)和盈余平滑度(ES)这两个指标,并采用十分位数赋值方法计算综合会计信息透明度(ATran)三种方法来测度会计信息透明度。盈余激进度计算方法：

$$EA_{i,t} = ACC_{i,t} = (\Delta CA_{i,t} - \Delta CL_{i,t} - \Delta CASH_{i,t} + \Delta STD_{i,t} - DEP_{i,t})/TA_{i,t} \quad (3-2)$$

其中，$ACC_{i,t}$ 为 i 公司 t 年应计项目，$\Delta CA_{i,t}$ 为 i 公司 t 年的流动资产变动额，$\Delta CA_{i,t}$ 为 i 公司 t 年的流动负债的变动额，$\Delta CASH_{i,t}$ 为 i 公司 t 年的货币资金变动额，$\Delta STD_{i,t}$ 为 i 公司 t 年的一年内到期的长期负债变动额，$DEP_{i,t}$ 为 i 公司 t 年的折旧和摊销额，$TA_{i,t}$ 为 i 公司 t 年期初总资产。ACC 值越大说明公司具有越强的盈余激进动机，会计信息的透明度越低。

与 Francis 等（2004）的方法类似，定义盈余平滑度等于经营活动现金净流量变异程度与公司净利润变异程度之比来衡量。ES 的数值越大，说明盈余平滑度越高，公司会计信息的不透明程度则越高，具体定义为：

$$ES_{i,t} = \sigma(CFO_{i,t})/\sigma(NI_{i,t}) \quad (3-3)$$

其中，下标 i, t 表示 i 公司第 t 年的值，NI 表示公司净利润，CFO 表示经营活动现金净流量，在计算标准差时，本章以（t-2, t）年内的标准差进行计算分析。

此外，还采用十分位数赋值方法计算综合会计信息透明度（ATran），$ATran = [decile(EA) + decile(ES)]/2$，与前两个指标一致，盈余平滑度越大，说明会计信息透明度越低。为了理解上的方便，后面的分析均将 EA、ES、ATran 三个指标均乘以 -1（为避免混淆，仍然采用这三个符号），之后这三个指标越大就表明会计信息透明度也就越大（这三个指标的含义与此相同）。

CVG 表示企业会计准则趋同度，采用得到广泛应用并被学术界认可的 Gray（1980）的趋同性指数（convergence index，CVG 指数），定义为：

$$CVG = 1 - \frac{(Net\ Income_{CAS} - Net\ Income_{IFRS})}{|Net\ Income_{CAS}|} \quad (3-4)$$

其中，NetIncome$_{CAS}$表示按照中国会计准则计算出的净利润，而NetIncome$_{IFRS}$表示按照国际财务报告准则计算出的净利润。指数如果小于0.90，就说明按照国际财务报告准则（IFRS）披露的净利润至少小于按照中国会计准则（CAS）所披露的净利润的10%；相反，如果计算的CVG指数大于1.10，就意味着按照IFRS披露的净利润至少大于按照CAS所披露的净利润的10%。因此，只有当趋同性CVG指数位于0.9～1.1时，才被认为是趋同的。据此，本章将CVG指数定义为一个虚拟变量，当C指数位于0.9～1.1时，CVG等于1，否则CVG为0。

此外，还控制影响会计信息透明度的其他因素：CEO与董事长两个职位是否由同一人担任，是则为1，否则为0；董事会规模，独立董事比例，第一大股东持股比例；并控制了样本公司的基本特征，包括有公司规模、公司负债率、净资产收益率、主营业务收入增长率、公司的年龄、市场化指数，每股非经常性损益，还控制了年度、行业因素。变量具体定义如表3-1所示。

表3-1　　　　　　　　　　变量的定义

变量	符号	定义
盈余激进度	EA	EA$_{i,t}$ = ACC$_{i,t}$ = (ΔCA$_{i,t}$ - ΔCL$_{i,t}$ - ΔCASH$_{i,t}$ + ΔSTD$_{i,t}$ - ΔDEP$_{i,t}$)/TA$_{i,t}$
盈余平滑度	ES	ES$_{i,t}$ = σ(NI$_{i,t}$)/σ(CFO$_{i,t}$)
综合会计信息透明度	ATran	ATran = (decile(EA) + decile(ES))/2
会计准则趋同性C指数	CVG	当位于0.9～1.1时，CVG等于1，否则CVG为0
两职合一	DUAL	CEO与董事长两个职位是否由同一人担任，是则为1，否则为0
董事会规模	BN	董事会人数
独立董事比例	INDEP	独立董事/董事会人数

续表

变　量	符号	定　义
第一大股东持股比例	TOP1	第一大股东持股数量/总股数
公司规模	SIZE	年末总资产的自然对数
公司资产负债率	LEV	负债总额/资产总额
净资产收益率	ROE	净利润/平均净资产
主营业务收入增长率	GROW	主营业务收入增长额/起初主营业务收入
公司的年龄	AGE	A 股上市的年龄
每股非经常性损益	EIPS	每股非经常性损益与扣除非经常性损益后的每股收益之差
市场化指数	MKT	根据樊纲等市场化指数获取
年度	Year	研究区间是 2007~2010 年，因此设置 3 个年度虚拟变量
行业	Industry	根据证监会行业分类标准，制造业为 1，否则为 0

3.4　实证结果与分析

3.4.1　描述性统计分析

从表 3-2 中各个变量的描述性统计分析可知，会计信息透明度的三个指标 EA、ES 和 ATran 的均值分别为 -4.589、0.037 和 -3.510，中位数分别为 -4.5、0.038 和 -1.344。会计准则趋同性指数（CVG）的均值和中位数分别为 1.012 和 1，根据趋同性指数的定义，这说明总体来看，从 2007 年施行新企业会计准则以来，会计准则趋同效果良好，这与现有的研究也是一致的。CEO 与董事长两职兼任的情况仅为 0.07，相对较少，董事会规模在 10 人左右，独立董事的比例约为 38.9%，第一大股东持股比例为 43.3%，与实际情况相符。此外，样本公司的其他特征指标也予以列示。

表 3-2　　　　　　　　变量的描述性统计分析

	均值	中位数	标准差
EA	-4.578	-4.489	1.895
ES	0.048	0.049	0.063
ATran	-3.499	-1.333	6.243
CVG	1.012	1.000	0.291
DUAL	0.088	0.000	0.257
BN	10.213	10.000	2.304
INDEP	0.400	0.375	0.061
TOP1	0.444	0.448	0.111
SIZE	23.812	23.980	1.523
LEV	0.553	0.560	0.178
ROE	0.100	0.113	0.151
GROW	0.220	0.200	0.277
AGE	13.593	15.011	4.328
EIPS	-0.007	-0.059	0.153
MKT	9.383	9.660	1.509

由表 3-2 可知，会计准则趋同指数的均值为 1.012，中位数为 1，都在 1 左右浮动，根据前面的定义，当趋同性指数（CVG）介于 0.9~1.1 时，会计准则是趋同的。由趋同性指数定义可知，当双重报告的净损益完全相同时，趋同性指数为 1。据此将趋同性指数（CVG）分为三个区间：CVG<0.9、0.9≤CVG≤1.1、CVG>1.1，图 3-1 是会计准则趋同指数分区间分年度的展示图。可知，从 2007~2010 年超过 80% 的公司都实现了会计准则趋同，只有不

到 20% 的公司位于 CVG < 0.9 和 CVG > 1.1 这两个区间，而且可以看到在 0.9≤CVG≤1.1 范围内，会计准则趋同指数呈逐渐增加的趋势，说明会计准则趋同确实是逐年提升的。

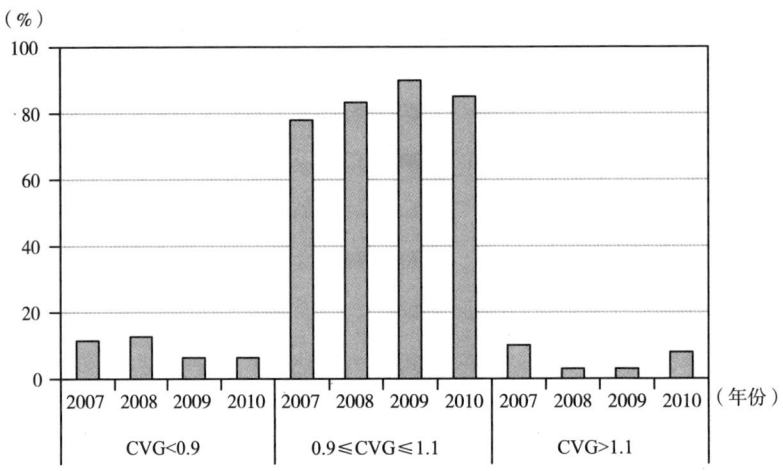

图 3-1 会计准则趋同指数（CVG）的区间分布

为考察各个变量之间的关系，表 3-3 报告了各个变量之间的相关系数，其中上半部分为 Spearsman 相关系数，下半部分为 Pearson 相关系数。由表 3-3 可知，会计准则趋同指数（CVG）与会计信息透明度的三个指标盈余激进度（EA）、盈余平滑度（ES）和综合会计透明度（ATran）之间的 Spearsman 相关系数为 0.097、-0.097、0.124，Pearson 相关系数为 0.092、-0.099、0.150，除了盈余平滑度之外，其他两个指标与会计准则趋同指数之间均与预期一致，即会计准则趋同与会计信息透明度之间是正相关关系。其他变量与会计信息透明度之间的相关系数基本与预期一致。其他指标基本符合预期，与高雷等（2007）结果类似，还有个别指标与会计系透明度的关系不明朗，有待进一步研究。

第3章 制度变迁下的准则趋同与会计信息透明度

表3-3 相关系数

	EA	ES	ATran	CVG	DUAL	BN	INDEP	TOP1	SIZE	LEV	ROE	GROW	AGE	EIPS	MKT
EA	1	0.701	0.521	0.097	0.081	0.081	0.002	-0.122	0.028	0.014	-0.06	-0.052	-0.077	0.073	-0.068
ES	0.676	1	0.226	-0.097	0.022	0.084	0.041	0.029	0.217	0.143	-0.028	0.083	-0.005	-0.029	0.099
ATran	0.301	0.104	1	0.124	0.06	0.194	0.032	-0.12	-0.071	-0.077	-0.02	-0.148	-0.083	-0.092	-0.323
CVG	0.092	-0.099	0.15	1	0.275	-0.097	0.056	-0.133	-0.452	-0.092	-0.034	-0.11	0.259	-0.069	-0.454
DUAL	0.068	-0.011	-0.096	0.275	1	-0.043	-0.027	-0.038	-0.116	-0.097	0.153	0.171	0.009	0.05	-0.245
BN	0.097	0.02	0.147	-0.096	-0.056	1	-0.566	-0.298	0.071	0.003	-0.001	-0.041	0.069	-0.097	0.126
INDEP	-0.024	0.038	0.013	0.014	0.019	-0.541	1	0.285	0.078	-0.029	-0.017	0.044	-0.1	0.047	-0.009
TOP1	-0.099	0.031	-0.004	-0.145	-0.038	-0.273	0.275	1	0.365	0.049	-0.163	-0.008	-0.02	0.023	0.235
SIZE	-0.007	0.199	0.04	-0.483	-0.12	0.103	0.103	0.375	1	0.282	0.239	0.316	-0.492	0.236	0.061
LEV	-0.01	0.116	-0.114	-0.093	-0.097	0.026	-0.032	0.033	0.254	1	-0.007	0.207	-0.043	-0.171	-0.104
ROE	-0.138	-0.13	-0.001	-0.004	0.167	-0.054	0.02	-0.089	0.234	-0.026	1	0.468	-0.266	0.25	-0.166
GROW	0.011	0.146	-0.013	-0.034	0.196	-0.039	0.05	-0.076	0.252	0.204	0.466	1	-0.192	0.041	-0.146
AGE	-0.057	-0.02	0.078	0.268	0.037	-0.001	-0.162	-0.161	-0.503	-0.013	-0.134	-0.117	1	-0.078	0.009
EIPS	0.037	-0.04	0.067	-0.069	0.05	-0.074	0.086	0.019	0.253	-0.19	0.513	0.067	-0.103	1	0.077
MKT	-0.019	0.153	-0.224	-0.435	-0.235	0.148	0.053	0.254	0.111	-0.129	-0.124	-0.207	-0.035	0.053	1

注：上半部分为 Spearsman 相关系数，下半部分为 Pearson 相关系数。

3.4.2 回归分析

表 3-4 为回归结果。由于研究样本数据属于混合面板数据,我们采用混合面板回归的方法进行分析,并进行了方差一致性的调整,表 3-4 中所报告结果均是异方差一致性标准误差估计的结果。我们分别采用了盈余激进度(EA)、盈余平滑度(ES)、综合会计透明度(ATran)等三个指标作为会计信息透明度的衡量,分别将这三个指标作为因变量做回归分析。

表 3-4　　　　　　　　混合面板回归结果

因变量	ATran		EA		ES	
	系数	t	系数	t	系数	t
Constant	-8.241[a]	-2.89	-0.431[a]	-3.40	-7.501[a]	-2.84
CVG	0.692[b]	1.92	0.052[c]	1.90	1.782[b]	2.22
DUAL	0.114	0.43	0.007	0.91	-5.842[b]	-2.08
BN	0.031	0.53	-0.002	-0.96	1.020[a]	3.66
INDEP	0.075	0.07	0.006	0.08	0.032	1.29
TOP1	-0.009	-0.91	-0.001	-0.93	0.084[a]	2.58
SIZE	0.083[b]	0.99	0.016[a]	2.79	-0.111	-1.03
LEV	-0.076	-0.36	0.010	0.55	-6.343[a]	-8.39
ROE	-3.231[a]	-5.75	-0.135[a]	-3.52	-1.264[a]	-3.04
GROW	0.940[c]	1.73	0.069[a]	3.89	1.750	1.57
AGE	-0.052	-0.89	0.001	1.04	-0.106[c]	-1.85
EIPS	0.245[c]	1.73	0.006	0.20	0.175[a]	2.07
MKT	0.065	0.37	0.013[a]	3.19	-1.311[a]	-2.53
Year	控制		控制		控制	
Industry	控制		控制		控制	
F 值	3.95		20.89		5.76	
Adj_R^2	0.129		0.181		0.204	

注:上标 a、b、c 分别表示在 1%、5%、10% 水平上显著。

第3章 制度变迁下的准则趋同与会计信息透明度

由表 3-4 可以看出，当因变量是综合会计透明度（ATran）时，会计准则趋同指数（CVG）的系数值为 0.692，t 值为 1.92，说明在 10% 的显著水平下是显著的；当用盈余激进度（EA）来衡量会计透明度时，会计准则趋同指数（CVG）在 10% 的显著水平下仍然显著，虽然系数值仅为 0.052；当用盈余平滑度（ES）来衡量会计透明度时，会计准则趋同指数（CVG）的系数值为 1.782，明显大于前两个回归中 CVG 的系数值，并且显著性进一步提升至 5% 的水平下。这充分证明会计准则趋同确实提高了会计信息透明度，说明我国企业会计准则的趋同是富有成效性的。

由此可知，会计准则的趋同不仅是形式上的趋同，更是实质的趋同。财政部会计司课题组（2011）的分析表明，从 2007 年实施新企业会计准则以来，会计准则实施的经济效果持续显现，会计信息质量得到很大程度提升，会计信息的可靠性、相关性、可比性、有用性等进一步提高。杨敏（2011）也指出，我国同时发行 A 股和 H 股的上市公司也基本不存在差异，彰显了两地会计准则趋同等效的成就。

进一步地，为了同时剔除面板之间的异方差及序列相关问题，本章采用面板数据的广义最小二乘法（feasible generalized least squares, FGLS）进行模型估计。该方法的优势在于其在估计过程中允许面板内存在一阶自回归和跨截面的异方差，而不影响估计结果的准确性，结果如表 3-5 所示。

表 3-5　　　　面板数据广义最小二乘法回归结果

因变量	ATran		EA		ES	
	系数	t	系数	t	系数	t
Constant	-11.463	-3.19	-0.385	-3.64	-4.212	-0.81
CVG	0.752[b]	1.99	0.089[a]	2.64	0.497	1.59
DUAL	0.118	1.30	0.013	0.90	-1.402	-1.16
BN	0.039	0.70	-0.004[c]	-1.49	0.429[a]	3.05
INDEP	0.709	0.32	0.032	0.39	3.867	1.27

续表

因变量	ATran		EA		ES	
	系数	t	系数	t	系数	t
TOP1	-0.119	-1.30	-0.001[a]	-2.44	0.042[a]	2.36
SIZE	0.078	1.10	0.015[a]	3.05	0.028	0.14
LEV	0.127	0.13	0.016	0.20	-2.196[a]	-3.13
ROE	-3.020[a]	-3.65	-0.155[a]	-3.61	-1.143	-0.89
GROW	0.647	1.04	0.176[a]	2.54	0.282	0.35
AGE	-0.130	-0.78	0.011	0.72	-0.114	-0.39
EIPS	1.027[a]	2.69	0.017	0.45	1.163	0.42
MKT	0.047	0.43	0.012[a]	4.51	-0.612[a]	-3.05
Year	控制		控制		控制	
Industry	控制		控制		控制	
χ^2	41.34		105.53		30.65	

注：上标 a、b、c 分别表示在 1%、5%、10% 水平上显著。

由表 3-5 可知，我们所关心的 CVG 系数，在当因变量会计信息透明度分别为 ATran 和 EA 时，系数值分别为 0.752 和 0.089，对应的 t 值分别为 1.99 和 2.34，分别在 5% 和 1% 的水平上显著为正。略显遗憾的是，当用 ES 作为会计透明度的替代时，CVG 的系数不显著，但仍然为正。因此基本可以得出结论，会计准则趋同程度越高，会计信息透明度越高。

从综合会计信息透明度 ATran 的结果来看，公司董事长与总经理两职合一（DUAL）、独立董事人数（BN）、独立董事比例（INDEP）、公司规模、审计意见等与会计信息透明度的关系并不显著，但确实是正的关系，与混合面板回归结果具有一致性，也与前人研究很类似。当用 EA 和 ES 分别代表会计信息透明度时，结果大同小异。这也说明本章研究结果的稳健性，即会计准则的国际趋同确实促进了会计信息透明度的提高。会计准则执行的直接结果是会计信息披露，而会计准则执行会产生何种经济后果，除了准则执行本身的性质外，还取决于对执行结果的信息披露人们如何反应。

3.4.3 内生性问题

会计准则趋同的主要目的之一在于提高会计信息透明度,但也有可能是企业为了提高会计信息透明度而选择会计准则趋同,也就是我们通常所说的内生性问题。由于面板数据横截面个体多、时间序列短,变量外生性不足等问题,将对被解释变量滞后项估计造成严重偏差,影响固定效应和随机效应模型的精确性。鉴于动态面板模型存在的问题,Arellano 和 Bover(1995)以及 Blundell 和 Bond(1998)拓展并发展了 Arellano 和 Bond(1991)的 GMM 方法,在模型中引入更多的工具变量,即用水平变量的滞后项作为差分方程的工具变量,同时用差分变量的滞后项作为水平方程的工具变量,进而得到更为有效的估计。采用动态面板 GMM 方法回归结果如表 3-6 所示。

表 3-6   GMM 回归结果表

因变量	ATran		EA		ES	
	系数	Z	系数	Z	系数	Z
Constant	-21.264	-3.66	-0.957	-4.10	0.046	0.01
CVG	4.155[a]	2.39	0.265[a]	2.45	0.845	0.91
DUAL	-1.810[a]	-2.16	-0.014	-1.19	-1.505	-1.26
BN	-0.180	-1.17	-0.089[c]	-1.76	0.243	0.91
INDEP	-4.433	-0.82	-0.265	-1.52	7.653	1.20
TOP1	-0.139	-1.65	-0.013[a]	-3.14	0.183	1.40
SIZE	0.513[a]	2.32	0.003[a]	4.35	0.104	0.21
LEV	1.980[c]	1.90	0.029	1.27	-2.915[a]	-2.11
ROE	-2.412[a]	-2.14	-0.273[a]	-2.77	1.865	0.83
GROW	1.167	0.96	0.019	0.38	1.017	0.44
AGE	-0.078	-0.70	-0.001	-0.36	0.022	0.18

续表

因变量	ATran		EA		ES	
	系数	Z	系数	Z	系数	Z
EIPS	1.654^a	2.37	0.156	1.50	-2.921	-1.21
MKT	0.876^a	2.27	0.035^a	2.62	-0.534^a	-2.02
Year	控制		控制		控制	
Industry	控制		控制		控制	
χ^2	298.87		86.84		20.46	
Adj_R^2	0.124		0.175		0.081	

注：上标 a、b、c 分别表示在 1%、5%、10% 水平上显著。

由表 3-6 可知，采用动态面板 GMM 的回归分析结果显示，当选择会计综合信息透明度 ATran 作为因变量时，会计准则趋同 CVG 的系数在 1% 的水平上显著为正。当会计信息透明度用 EA 作为因变量时，CVG 的系数仍然是在 1% 的水平上显著为正。美中不足的是当会计信息透明度用 EA 作为因变量时，CVG 的系数并不显著，但仍然为正。这充分说明在控制了内生性问题后，会计准则趋同度与会计信息透明度确实是存在显著为正的关系的，也即会计准则趋同的结果确实有助于会计信息透明度的提高，确实从信息披露的角度提高了会计信息质量。尽管刘峰等（2004）指出会计准则与会计信息质量之间缺乏一种稳定的关联性，他们认为会计信息质量的治理需要多方共同协作，才能达成提高资本市场会计信息质量的目标。但本章的研究结果并不能否认会计准则趋同提升了会计信息透明度，有助于会计信息质量的提高。

其他控制变量的结果与前面分析类似，当公司所在地区的市场化程度越高，公司规模越大，审计质量越高，主营业务增长率越大时，会计信息透明度越高。其他公司治理变量与会计信息透明度的关系并不明朗，都还待以后作进一步深入的研究，也正如刘峰等（2004）认为会计信息质量的治理需要多方共同协作，才能达成提高资本市场会计信息质量的目标。这可能是对本章控制的其他变量与会计信息透明度的关系并不明朗的一种解释,需要在以后的研究中对此做深入探讨。

但总体来看,在控制了内生性问题后,本章研究的问题会计准则的趋同确实是提升了会计信息透明度,提高了会计信息质量。因此,从会计信息质量的角度来看,会计准则趋同的结果确实取得了显著成效,这说明我国会计准则趋同的改革是富有成效的。

3.4.4 稳健性检验

为保证结论的稳健性,本章还进行了稳健性的检验:

(1) 本章的会计准则趋同指数是采用双重报告下的净损益来计算,也采用了净资产收益计算会计准则趋同指数,回归分析结果不变,不影响本章结论。

(2) 会计信息透明度除了本章采用的指标外,还运用 Bhattacharya 等 (2003) 采用的经营活动现金流量与净利润之间的相关系数作为盈余平滑度 (ES) 的替代,并采用十分位数法重新计算综合会计透明度 (ATran),结论不变。

(3) 本章进一步分年度进行回归,会计准则趋同指数依然是正显著地影响会计信息透明度,结论不变。

由此可知,本章的研究结论是稳健性的,即会计准则趋同确实提升了会计信息透明度。

3.5 本章小结

股票市场是一个高度信息化的市场,信息透明度是保证股票市场有效运行的重要保障。会计信息透明度是股票市场透明度的组成部分之一 (Bushman and Smith, 2004),也越来越受到各方的关注。影响会计信息透明度的因素有很多，研究视角包括公司治理机制、机构投资者、审计质量等，但鲜有从会计准则趋同角度的研究。一方面我国会计准则全球趋同的目的之一就是提升会计信息透明度；另一方面我国要求所有上市公司从 2007 年开始采用新企业会计准则，随着会计准则趋同的进程加快，财政部会计司 2010 年发布的《中国企业会计准则与国际财务报告准则持续趋同路线图》明确指出我国会计准则从 2005 年开始已经基本实现趋同。

本章选择 2007～2010 年同时发行 A 股和 H 股的公司作为研究样本，研究了会计准则趋同与会计信息透明度之间的关系。得出基本结论：从 2007～2010 年新企业会计准则的实施情况来看，会计准则趋同确实提升了会计信息透明度。从广义最小二乘法回归结果、动态面板 GMM 的回归结果进一步证实了本章研究结论。会计信息透明度的提高会对中国企业产生积极影响，各级管理和决策主体可以利用透明度较高的会计信息促进企业的转型改制，制订企业的发展战略，促使企业资产重组，这将有利于促进产业的升级。

研究启示，本章的研究充分说明我国会计准则的趋同效果是明显的，达到了提升会计信息透明度的目的，企业会计制度的改革是富有成效性的。从我国的具体情况来看，我国证券市场初具规模，上市公司也成为我国经济运行中最具发展优势的群体和资本市场投资价值的源泉，以信息披露为核心的证券市场基础制度体系也逐步建立和完善。与此同时，由于固有的制度缺陷和市场环境，上市会计信息质量参差不齐，部分上市公司的会计信息质量较差、透明度低、造假现象也屡见不鲜。虽然本章进行了各种稳健性检验，但囿于计算方法固有的局限性，还存在进一步改进和提升的空间。

公司综合信息透明度的
经济效果研究
Chapter 4

第4章 综合报告趋势下准则趋同与信息不对称性

在整合性报告趋势下，对准则持续趋同与信息不对称的研究显得很有必要。本章选择中国 2005~2008 年同时发行 A 股和 H 股的公司作为研究样本，研究了会计准则趋同与信息不对称性之间的关系，得出基本结论：现行会计准则实施后，信息不对称性确实得到显著降低，并且会计准则趋同程度较高组的信息不对称性显著低于会计准则趋同程度较低组。回归结果进一步表明，会计准则趋同确实能够有效降低或缓解信息不对称性，且该作用在规模较大的公司中更加有效。这一方面检验了中国会计准则改革成效，另一方面为今后中国会计准则的进一步完善提供了理论依据。

4.1 引　　言

工业 4.0 时代来临，企业发展出以物联网为主体的商业模式创新。然而，现行财务报表所提供的资讯严重不足，无法反映企业未来的展望，以及与利害关系人之间的互动，发展整合性报告（integrated report，IR）已成当务之急[①]。整合性报告是由国际整合报告委员会（IIRC）于 2011 年提出的，并于 2013 年发布国际整合性报告框架《征求意见稿》，整合性报告说明一个组织如何创造价值。价值并非单独由某一组织所创造或在组织内创造，而是受外部环境的影响，通过利益相关者的关系而创造，取决于各种资源。因此整合性报告旨在让使用者了解到影响组织的外部环境、被组织所使用或受组织所影响的资源和关系、组织如何与外部环境和资本互动，以在短、中和长期中创造价值[②]。在这样的背景下很有必要研究现行准则与国际会计准

[①] 蔡淑芬．整合性报告书财报编制新趋势，http://www.chinatimes.com/cn/newspapers/20151222000165-260205．

[②] 这些资源和关系统称为"资本"，并区分为财务资本、制造资本、智慧资本、人力资本、社会及关系资本，以及自然资本等六大项，资料来源：http://integratedreporting.org/．

第4章 综合报告趋势下准则趋同与信息不对称性

则的持续趋同与信息不对称，从而更好地服务于企业利用资源和关系创造价值，为未来整合性报告的实施奠定基础。

证券市场建设的基本准则是建立公开、公平、公正的制度规范，确保市场有效运行和健康发展，核心是保护投资者特别是中小投资者的利益。但证券市场存在严重的信息不对称问题，如投资者与上市公司之间、中小投资者与机构投资者之间的信息不对称等，因而通过制定和完善信息披露制度以降低证券市场的信息不对称，一直是各国证券市场制度建设的核心内容之一。会计准则是一种有效减少信息不对称的制度安排，由于其适用范围广，边际实施成本较低，因而具有规模经济效应。同时，我国财政部制订的会计准则具有强制性，在实施中可以降低交易成本，因此能够降低信息不对称性。此外，随着两权分离程度的提高，委托代理关系呈多元化和复杂化趋向，委托人对真实、公允的会计信息需求渐趋强烈，会计准则能够确保会计信息的客观真实，减少逆向选择和道德风险现象的发生，从而有效地保护会计信息使用者的利益，提高交易效率。

会计准则趋同是一个国家经济发展和适应经济全球化的必然选择，趋同的最终目标是向会计信息使用者提供高质量的会计信息，降低或缓解现实世界中存在的信息不对称，以便不同国家或地区的会计信息使用者及时做出正确的经济决策，从而优化全球范围内的资源配置，提高经济效益（王华和刘晓华，2007）。2008年国际金融危机爆发后，二十国集团（G20）峰会、金融稳定理事会（FSB）倡议建立全球统一的高质量会计准则，着力提升会计信息透明度，降低信息不对称性，将会计准则的重要性提升到了前所未有的高度。近年来，会计准则国际趋同取得巨大进展，财务报告质量不断提高，会计在全球经济中逐步承担起越来越重要的责任，在资本市场稳健、有序发展中发挥着不可替代的作用。在此背景下，国际会计准则理事会（IASB）也积极采取措施提高会计准则质量。我国财政部也于2006年正式发布了包括1项基本准则和38项具体准则在内的企业会计准则体系，中国企业会计准则（CAS）与国际财务报告准则（IFRS）实现了实质性趋同。从2007年1月1日起，现行会计准则开始在中国所有上市公司实施。2010年财政部又发布了《中国企业会计准则与国际财务报告准则持续趋同路线图》，旨在实现中国企业会计准则与国际财务报告准则的持续趋同。自2011年以来，随着国际财务报告准则的新一轮变革，为保持我国会计准则与国际财务报告准则的持续趋同，财政部于2014年正式修订了五项、新增了三项企业会计准则，发布了一项准则解释，并修改了《企业会计准则——基本准则》中关于公允价值计量的表述。财政部会计司课题组（2011）研究指出从2007年所有上市公司实施新企业会计准则以来，上市公司执行企业会计准则总体情况良好，企业会计准则连续四年得到平稳有效实施。

会计准则国际趋同包括形式上的趋同和实质上的趋同，前者是指会计准则制定的趋同，而后者是指会计准则执行的趋同，即会计实务和财务报告的趋同。当前，除资产减值转回一项差异外，中国CAS与IFRS实质上均一致。中国的会计改革对会计信息质量有何影响？会计准则趋同是否降低或缓解了信息不对称性？不同规模公司的会计准则趋同与信息不对称性有什么关系？这些都是本章关心并试图回答的问题。财务报告是上市公司进行信息披露的主要方式，是解决公司管理层与投资者之间以及投资者与投资者之间信息不对称问题的重要途径。因此，中国会计准则的国际趋同理论上可以通过改善公司信息披露质量来降低信息不对称。借助于会计准则趋同也能在一定程度上提高财务列报的可靠性，化解某些模糊的数字，更好地帮助财务报告使用者进行决策（葛家澍和刘峰，2011）。因此，对会计准则趋同是否能够降低或缓解信息不对称性的研究就显得很有必要，这也是对我国会计准则趋同效果的一个检验。

自2005年开始，新"香港财务报告准则"（HKFRS）与国际会计准则（IFRS）全面接轨，已经实现了从体系到条文与国际会计准则的趋同（刘玉廷，2007）。与内地资本市场相比，香港证券市场作为国际资本市场更有效率,因此拟选择中国 2005~2012 年同时发行 A 股和 H 股的公司,从会计准则趋同的角度,利用高频交易数据获取信息不对称性指标:一是对比现行会计准则实施前后的信息不对称差异,并按照准则趋同程度分组比较;二是构建模型检验会计准则趋同与信息不对称性的关系。本章将为评价我国会计改革效果与推进会计准则国际持续趋同提供经验证据。

4.2 文献回顾与理论分析

根据经济学理论,信息不对称会带来逆向选择和道德风险问题。为降低信息不对称,一般通过信息披露的形式向信息弱势一方提供有关公司财务状况、经营成果和现金流量等方面的信息。一般而言,向信息弱势一方提供的信息数量越多,质量越高,信息不对称程度就会越低。会计准则趋同的目的之一就是通过采用高质量的会计准则,使财务报告所披露信息的数量增加和质量提高,从而有助于减少不同利益集团之间的信息不对称,维护投资者利益。因此,各国会计准则制定者都期望会计准则国际趋同能降低信息不对称。

对会计准则实施经济后果的研究有很多,主要集中在三个方面:一是会计准则趋同与会计信息质量的分析,这方面的研究有崔学刚和张宏亮(2010)、刘晓华和王华(2011)、毛新述和余德慧(2013)、邓永勤和陆燕芳(2013);二是会计准则趋同与价值相关性的分析,如杨钰和曲晓辉(2008)、薛爽等(2008)、余波(2009)、吕晓燕和张滕滕(2010);三是会计准则趋同与信息不对称性的分析,目前这方面的研究较少。虽然刘晓华(2011)尝试对此分析,但囿于数据局限,研究略显粗糙。还有一些从信息披露角度的分析,如张程睿(2008)、朱爱萍(2010)、刘少波和汪涛(2012)。其实从更宏观的角度来看,这些都可归结为会计准则趋同的经济后果分析,包括基于

AH 或 AB 股的分析以及会计制度变迁的分析等。

通览现有文献，目前主要侧重于从会计信息质量角度，包括盈余质量、价值相关性、信息不对称性等。从信息不对称角度的研究侧重于考察会计准则趋同是否能够降低信息不对称。从当前的研究现状来看，在实证检验和分析时，学者一般以买卖价差、市场流动性、分析师数目、预测标准差等变量作为信息不对称的代理变量，但并未形成一致结论。一方面有学者研究发现会计准则趋同能够降低信息不对称性，如 Cuijpers 和 Buijink（2004）、Daske 等（2008）、Leuz 和 Verrecchia（2000）。具体而言，Daske 等（2008）以 26 个国家和地区强制采用国际会计准则的公司为样本，从信息不对称视角分析了会计准则趋同的经济后果，研究发现会计准则趋同能够减少信息不对称。Leuz 和 Verrecchia（2000）以德国公司为样本的分析也发现，与采用德国会计准则的公司相比，采用国际会计准则或美国会计准则的公司具有较低的买卖价差和较高的交易量，即采用国际会计准则或美国会计准则的公司在市场流动性方面要高于采用德国会计准则的公司。另一方面则发现采用国际会计准则的公司和采用本国会计准则的公司在股票买卖价差、交易量等方面不存在显著差异，如 Leuz（2003）、Dumontier 和 Maghraoui（2006）、Daske 等（2013）。Cuijpers 和 Buijink（2004）发现公司采用国际会计准则或美国会计准则不能够显著减少信息不对称。Leuz（2003）以在德国新市场上市的德国公司为样本的研究发现，采用国际会计准则的公司和采用美国会计准则的公司在股票买卖价差、交易量和 IPO 折价方面不存在显著差异。以 1999～2002 年转向采用国际会计准则的德国公司为样本，以买卖价差作为信息不对称的代理变量，Dumontier 和 Maghraoui（2007）研究发现，与采用国际会计准则之前相比，公司采用国际会计准则后买卖价差会降低，但是只有规模较大的公司采用国际会计准则才会显著减少信息不对称，小公司采用国际会计准则不能够显著减少信息不对称。Daske 等（2013）以 1990～2005 年自愿采用国际会计准则的公司为样本，考察了会计准则国际趋同对信息不对称的影响，发现公司在如何执行国际会计准则方面有相当大的自由裁量权，如有的公司仅仅把采用国际会计准则当作"标签"（label），并不认真执行国际会计准则；而有的公司则把采用国际会计准则作为提高公司透明度责任的一部分，并会认真执行国际会计准则。这两类公司采用国际会计准则的经济后果存在重大差异，采用国际会计准则并能够认真执行的公司在市场流动性方面显著好于把采用国际会计准则当作"标签"（label）的公司。但是，当把这两类公司放在一起进行分析时，他们发现这两类公司在市场流动性方面与没有采用国际会计准则的公司相比不存在显著差异。

总体而言，上述研究结论的不一致，可能是由于使用的样本不同、采用的模型或代理变量不同造成的，也可能是由于一些研究者遗漏了其他关键变量造成的。虽然现有文献从多个角度分析了会计准则趋同对信息不对称的影响，但也存在不足之处。例如，当前研究多是分析在市场经济比较发达和法律制度比较完善的制度环境下会计准则趋同对信息不对称的影响，缺乏在新兴市场环境下的证据。制度环境会影响会计准则的执行以及会计信息质量，不同的国家或地区即使采用完全相同的会计准则，但由于制度环境不同，会计信息质量也会存在显著差异（Ball et al., 2000; Ball et al., 2003; Soderstrom and Sun, 2007; 贺建刚, 2007）。为提高资源配置效率和实现会计准则趋同，以中国为代表的新兴市场经济国家都相继采用国际会计准则，而新兴市场在经济、法律以及政治制度等方面与成熟市场经济有很大不同，在此背景下，研究会计准则趋同与信息不对称的关系显得尤为必要和迫切。

从会计提供的信息来看，会计的目的就在于为财务报表的利益相关者提供具有相关性、可靠性和可比性的会计信息，降低资本市场上信息风险，进而减少资本市场的"逆向选择"行为。从经济学角度来看，会计信息作为一种通用的商业语言，有助于提高资源的配置效率，降低交易成本，这也是全球会计准则趋同的一个基本出发点。我国 2007 年实施的企业会计准则是国际趋同的集中体现，该准则的实施为研究信息不对称性问题提供了机会。但会计准则国际趋同与信息不对称性的关系是一个迫切需要检验的问题，本章将对此展开研究。

4.3 研究设计

4.3.1 样本与数据

香港联合交易所《证券上市规则》要求所有在香港联合交易所上市的公司均须遵守香港会计准则，如果公司注册地在香港以外，也可以按照国际财务报告准则编制会计报表。因此，香港上市公司在编制财务报告时有两个选择：一是采用香港会计准则，二是采用国际财务报告准则（IFRS）。但从 2005 年开始，新"香港财务报告准则"（HKFRS）与国际准则全面接轨，两者完全相同，已经实现了从体系到条文与国际准则的趋同（刘玉廷，2007）。而内地则从 2007 年开始实行新企业会计准则，由于在编制依据以及具体会计处理方法等方面存在差异，AH 公司双重披露的年度报告所包含的会计信息不完全一致，这为研究创造了条件。

根据研究目的，本章选择实施新企业会计准则后，即选择 2005～2008 年同时发行 A 股和 H 股的公司作为研究样本。截至 2010 年年底，同时发行 A 股和 H 股的公司有 66 家，剔除金融类行业以及数据缺失的观测值，最终研究样本为 50 家公司。对涉及所有连续变量数据均进行了前后 1% 的截尾处理（Winsorize）。本章所用高频数据来源于 CSMAR 数据库，其他数据来源于 RESSET 数据库。

4.3.2 模型与变量

为分析会计准则趋同与信息不对称性之间的关系,构建以下回归模型:

$$\text{INFOASY}_{i,t} = \beta_0 + \beta_1 \text{CVG}_{i,t} + \beta_2 \text{TRDSUM}_{i,t} + \beta_3 \text{VOLATY}_{i,t} \\ + \beta_4 \text{PRICE}_{i,t} + \beta_5 \text{MV}_{i,t} + \sum \text{YEAR} + \sum \text{IND} + \varepsilon_{i,t}$$

(4-1)

其中,因变量 INFOASY 表示信息不对称性。信息不对称的测度是公司财务实证研究中的一个难题,市场微观结构的研究成果为我们提供了测度信息不对称程度的方法。市场微观结构测度的是知情投资者与非知情投资者之间的信息不对称,而财务学研究更多的是关注内部人与外部人之间的信息不对称,这种信息不对称是知情投资者与非知情投资者之间更高程度的信息不对称(Diamond,1985),并且这两类信息不对称还存在一定的交叉融合(陈辉和顾乃康,2012)。因此,使用市场微观结构理论中的信息不对称指标,能够较好地测度我国公司内外部人之间的信息不对称程度。现有文献采用的主要方法有:交易成本法、买卖价差法、知情交易概率等。

本章借鉴 Lin、Sanger 和 Booth(1995)提出的方法(LSB 模型),利用股票交易的高频数据,采用买卖价差(bid-ask spread)中分离出的逆向选择成分作为信息不对称(asy)的替代变量[①]。在

---

① Bagehot(1971)提出把交易者分为两类:不具有特定信息优势的流动性交易者以及具有信息优势的知情交易者。由于具有信息优势的知情交易者能获取更多反映股票真实价值的信息,做市商在同其交易时会遭受损失,而同流动性交易者交易时会获得补偿,说明买卖价差中含有信息的因素。在证券市场中,做市商最先担负起所有的买卖价差,并向所有交易者收取买卖价差,他们为了抵消同知情交易者交易时遭受的损失,会增大买卖价差。如果信息越不对称,买卖价差就越大(Glosten 和 Milgron,1985)。买卖价差可以分为三个部分,存货持有成本、订单处理成本与逆向选择成本,可以用买卖价差中的逆向选择成本来衡量信息不对称程度(Kyle,1985)。

我国的指令驱动市场，许多学者采用了这种方法，因此本章也采用这种方法来分析。在 LSB 模型中，买卖价差分解为三个部分：逆向选择成本、指令处理成本与指令执行风险成本，回归模型如下：

$$M_t - M_{t-1} = \lambda z_{t-1} + \varepsilon_t \tag{4-2}$$

$$z_t = \theta z_{t-1} + \eta_t \tag{4-3}$$

其中，$z_t = P_t - M_t$，P_t 为 t 时点的交易价格，M_t 为 t 时点的买卖报价中点。如果一笔交易由买方发起，则 z_t 为正，若为卖方发起，则 z_t 为负。参数 λ 代表有效价差中逆向选择成本的比例（$0 \leq \lambda \leq 1$），δ 是指令保持符号不变的概率。令 $\theta = 2\delta - 1$，用来描述指令到来的模式。ε_t、η_t 为随机误差项。由上述方程可以估计出参数值 λ 与 θ，其中 λ 就是逆向选择成本。指令处理成本 $\gamma = 1 - \lambda - \theta$。

另外，结合模型（4-2）、模型（4-3）与 $z_t = P_t - M_t$，可直接推导出：

$$P_t - P_{t-1} = -\gamma z_{t-1} + u_t \tag{4-4}$$

其中，$\gamma = (1 - \lambda - \theta)$，$u_t = \varepsilon_t + \eta_t$，可以由模型（4-4）直接求出逆向选择成本 λ。本章按照模型（4-4）的方法求出买卖价差中的逆向选择成本 λ 作为信息不对称的替代变量。

借鉴现有研究方法，本章在买卖价差法的基础上将买卖价差进一步分解，使用其中的逆向选择成本部分（adverse selection cost，ASC）和百分比有效价差（percentage effective spread，PES）来衡量信息不对称，逆向选择成本和百分比有效价差越大，则说明市场中信息不对称的程度越高（Stoll，1989）。

逆向选择成本定义如下：

$$\text{Adverse Selection Cost}(ASC)_{it} = D_{it} \times (Mid_{i,t+n} - Mid_{it})/Mid_{it} \tag{4-5}$$

其中，D 表示买卖驱动方向，当是买方驱动时，D = 1，当是卖方驱动时，D = 0。Mid 表示最优买卖价差的中点值，Mid = (B1 + S1)/2，B1 和 S1 分别表示最高买价和最低卖价。$Mid_{i,t+n}$ 表示 t 时刻之后 n 分钟的最优买卖价差的中点值（Mid）替代股票的真实价值，参考已有文献的研究，本章选择 n 等于 5 分钟。

百分比有效价差定义如下：

$$\text{Percentage Effective Spread(PES)}_{it} = 2 \times D_{it} \times (P_{it} - \text{Mid}_{it}) / \text{Mid}_{it} \quad (4-6)$$

其中，D 表示买卖驱动方向，当是买方驱动时，D = 1，当是卖方驱动时，D = 0。Mid 表示最优买卖价差的中点值，Mid =（B1 + S1）/2。

模型右边的第一个解释变量 CVG 表示会计准则趋同指标，很多学者对此进行了探讨，如魏明海（2003）、王治安和万继峰（2004）、曲晓辉和高芳（2006）、张国华和曲晓辉（2009）等，参照已有研究，本章采用得到广泛应用并被学术界认可的 Gray（1980）的趋同性指数（convergence index，CVG 指数），定义了两个指标：

$$\text{CVG1} = \frac{|\text{Net Income}_{\text{CAS}} - \text{Net Income}_{\text{IFRS}}|}{\text{Net Assets}_{\text{IFRS}}} \quad (4-7)$$

$$\text{CVG2} = |\text{ROE}_{\text{CAS}} - \text{ROE}_{\text{IFRS}}| \quad (4-8)$$

其中，$\text{Net Income}_{\text{CAS}}$、$\text{Net Income}_{\text{IFRS}}$ 分别表示采用中国新企业会计准则和国际财务报告准则下的净利润，$\text{Net Assets}_{\text{IFRS}}$ 表示国际财务报告准则下的净资产，ROE_{CAS} 和 ROE_{IFRS} 分别表示采用中国新企业会计准则和国际财务报告准则下的净资产收益率。由此可知，CVG1、CVG2 值越小，表明会计准则趋同度越高。

此外，根据现有研究文献 Welker（1995）的研究，本章选择股价（PRICE）、交易金额（TRDSUM）、收益波动性（VOLATY）、市场价值（MV）、年度（YEAR）和行业（IND）作为控制变量。其中，股价（PRICE）、交易金额（TRDSUM）、市场价值（MV）分别选择财务报告截止日的收盘价、交易金额和总市场价值，为保证变量的正态分布，这几个变量均取自然对数，收益波动性（VOLATY）采用日总市值加权的市场收益月度标准差的平均值。

4.4 实证结果与分析

4.4.1 描述性统计分析

表 4-1 给出了各个变量的描述性统计分析。

表 4-1　　　　　　　变量描述性统计分析

	均值	中位数	Q1	Q3	标准差
PES (10^{-3})	0.1655	0.1195	0.0933	0.2364	0.1113
ASC (10^{-3})	0.2891	0.2542	0.0940	0.4550	0.2973
CVG1	0.0157	0.0096	0.0000	0.0168	0.0231
CVG2	0.0215	0.0107	0.0000	0.0170	0.0661
PRICE	2.4874	2.3212	1.7035	3.2453	1.0262
VOLATY	0.0364	0.0397	0.0327	0.0397	0.0135
TRDSUM	24.6640	24.7117	23.8725	25.6388	1.2769
MV	24.3509	24.5272	23.1546	25.4189	1.7335

由表 4-1 可知，会计准则趋同的两个指标 CVG1 和 CVG2 的均值分别为 0.0157、0.0215，中位数分别为 0.0096、0.0107，这说明现行会计准则实施后，现行会计准则（CAS）与国际财务报告准则（IFRS）趋同度还是较高的。这与财政部会计司课题组（2011）的研究结果很类似。信息不对称性指标 PES、ASC 的均值分别为 0.1655×10^{-3}、0.2891×10^{-3}，中位数分别为 0.1195×10^{-3}、0.2542×10^{-3}，此外，还报告了这些变量的第一和第三分位数以及标准差，其他控制变量的均值、中位数也予以列示，PRICE、VOLATY、TRDSUM、MV 的均值分别为 2.4874、0.0364、24.6640、24.3509，可以发现这些变量的标准差不是太大，说明这些变量的变动幅度均不大。

为考察构建的模型中各个变量之间的关系，表 4-2 报告了各个变量之间的相关系数,其中上半部分为 Pearson 相关系数,下半部分为 Spearsman 相关系数。由表 4-2 可知,会计准则趋同指数的两个指标 CVG1、CVG2 之间的 Spearsman、Pearson 相关系数分别为 0.935、0.598,均在 1% 的水平上显著,信息不对称的两个指标 PES、ASC 之间的 Spearsman、Pearson 相关系数显著为 0.469、0.476,这说明本章选择被解释变量、主要解释变量之间的相关性很高,指标选取是合适的。会计准则趋同指数 CVG1 与信息不对称性的两个指标百分比有效价差(PES)、逆向选择成本(ASC)之间的 Spearsman 相关系数为 0.034、0.196,Pearson 相关系数为 0.079、0.065,CVG2 与 PES、ASC 的 Spearsman 相关系数分别为 0.056、0.187,Pearson 相关系数为 0.181、0.096,说明会计准则趋同与信息不对称之间是正相关关系。其他控制变量与信息不对称之间的相关系数与预期基本一致。

表 4-2   相关系数

	PES	ASC	CVG1	CVG2	PRICE	TRDSUM	MV	VOLATY
PES		0.476 ***	0.079	0.181	-0.718 ***	-0.516 ***	-0.488 ***	0.625 ***
ASC	0.469 ***		0.065	0.096	-0.337 ***	-0.343 ***	-0.384 ***	0.264 **
CVG1	0.034	0.196 *		0.598 ***	0.035	-0.087	-0.162	-0.185
CVG2	0.056	0.187 *	0.935 ***		0.099	-0.164	-0.129	-0.121 *
PRICE	-0.813 ***	-0.396 ***	0.182	0.013		0.275 **	0.395 ***	-0.619 ***
TRDSUM	-0.554 ***	-0.351 ***	-0.141	-0.159	0.265 **		0.792 ***	-0.309
MV	-0.361 ***	-0.318 ***	-0.203 *	-0.163	0.391 ***	0.780 ***		-0.284 ***
VOLATY	0.678 ***	0.371 ***	-0.141	-0.133	-0.621 ***	-0.111	-0.276 ***	

注:***、**、* 分别表示在 1%、5%、10% 水平下显著。上三角部分为 Pearson 相关系数,下三角部分为 Spearman 相关系数。

4.4.2 单变量检验与分析

根据研究目的,本章进行了单变量分析与检验,即进行了两个差异检验。首先，进行现行会计准则实施前后的信息不对称性的比较；其次，在现行会计准则实施后，按照准则趋同指标 CVG1、CVG2 将样本划分为准则趋同程度高低两个组，然后对比两组的信息不对称性。

以财政部要求所有上市公司实施现行会计准则作为事件，选择 2005~2006 年和 2007~2008 年作为两个对比期间，用均值和中位数 T 检验进行分析，结果如表 4-3 所示。

表 4-3　现行会计准则实施前后均值和中位数检验结果

	均值	中位数	Q1	Q3	标准差
Panel A：PES (10^{-3})					
2007~2008	0.0874	0.0856	0.0604	0.1079	0.0469
2005~2006	0.1643	0.1562	0.0869	0.2123	0.0725
差异	-0.0769***	-0.0706***	-0.0265	-0.1042	0.0731
P 值	<0.0001	0.0001			
Panel B：ASC (10^{-3})					
2007~2008	0.2356	0.2178	0.0823	0.3963	0.2794
2005~2006	1.9652	1.0587	0.0663	1.6342	3.2346
差异	-1.7296*	-0.8409**	-0.3528	1.2379	6.6123
P 值	0.0911	0.0125			

注：***、**、* 分别表示在 1%、5%、10% 水平下显著。

由表 4-3 可知，Panel A 和 Panel B 分别报告了百分比相对价差（PES）和逆向选择成本（ASC）的比较结果。在 Panel A 中，2005~2006 年和 2007~2008 年 PES 的均值分别为 0.1643、0.0874，差异显著为 -0.0769；中位数差异检验结果也显著为 -0.0706，这说明在现行会计准则实施后，信息不对称确实得到缓解。进一步 Panel B 中采用 ASC 的中位数检验结果也证明了这一点，ASC 的均值差异为 -1.7296。这充分说明，与国家财务报告准则（IFRS）趋同的中国新企业会计准则（CAS）实施后，显著降低或缓解了信息不对称性程度。

第4章　综合报告趋势下准则趋同与信息不对称性

在 2007 年现行会计准则实施后，按照会计准则趋同的两个指标 CVG1、CVG2 划分为趋同程度不同的两组，具体为分别按照 CVG1、CVG2 小于其中位数的划分为准则趋同程度较高组，否则划分为准则趋同程度较低组。具体结果如表 4-4 所示。

表 4-4　现行会计准则实施后按照准则趋同程度分组后的差异检验

准则趋同度		PES		ASC	
		均值	中位数	均值	中位数
CVG1	高	0.1454	0.1132	0.2142	0.2096
	低	0.1675	0.1283	0.3319	0.2986
	差异	-0.0221	-0.0151*	-0.1177*	-0.0890*
	P值	0.5108	0.0687	0.0708	0.0797
CVG2	高	0.1465	0.1339	0.2157	0.2143
	低	0.1608	0.1528	0.3143	0.2897
	差异	-0.0153	-0.0289*	-0.0986*	-0.0754*
	P值	0.5942	0.0564	0.0842	0.0562

注：*表示在10%水平下显著。

由表 4-4 可知，在实施现行会计准则后，即会计准则趋同后，按照趋同指数 CVG1 和 CVG2 划分为趋同程度高低不同的两组后。结果表明，与趋同程度较低组相比，趋同程度较高组信息不对称性指标 PES、ASC 的均值、中位数均降低，并且 ASC 的均值、中位数检验以及 PES 的中位数检验结果表明，趋同程度较高组信息不对称性均显著降低，明显缓解了信息不对称。趋同程度较高组 PES 的均值都小于趋同程度较低组。这进一步证明准则趋同的效果，会计准则趋同程度高组的信息不对称性显著降低，说明会计准则趋同在降低或缓解信息不对称性方面是卓有成效的。

4.4.3 实证结果分析

根据本章构建的模型，进行多元回归分析，分别采用 PES 和 ASC 作为信息不对称性的替代指标，同时又分别采用会计准则趋同指数 CVG1 和 CVG2 进行分析，这样得到四个回归方程，表 4-5 展示了会计准则趋同与信息不对称性的回归结果。

表 4-5　会计准则趋同与信息不对称性的回归结果

	PES		ASC	
	（1）	（2）	（3）	（4）
CONS	0.6598*** (<0.0001)	0.6931 (0.0012)	1.8211*** (<0.0001)	1.6643*** (<0.0001)
CVG1	0.7321*** (<0.0001)		0.5281 (0.1420)	
CVG2		0.2521*** (<0.0001)		0.3100*** (<0.0001)
TRDSUM	-0.0392*** (<0.0001)	-0.0453*** (<0.0001)	-0.0491** (0.0160)	-0.0320** (0.0290)
VOLATY	8.1256*** (0.0057)	8.7165*** (0.0076)	5.6701 (0.4091)	6.5409 (0.5860)
PRICE	-0.0589*** (0.0043)	-0.0563*** (0.0069)	-0.0545 (0.1310)	-0.0461 (0.2380)
MV	0.0269*** (<0.0001)	0.0149*** (<0.0001)	-0.0396*** (<0.0001)	-0.0391*** (<0.0001)
YEAR	控制	控制	控制	控制
IND	控制	控制	控制	控制
P 值	<0.0001	<0.0001	0.0003	0.0003
Adj R^2	65.43%	67.86%	20.65%	21.32%

注：括号内为 P 值。***、**、* 分别表示在 1%、5%、10% 水平下显著。

由表 4-5 可知，当 PES 作为被解释变量时，无论采用会计准则趋同指数 CVG1 还是 CVG2，系数都在 1% 的水平上显著为正，分别为 0.7321 和 0.2521，这表明 CVG1 和 CVG2 越小，会计准则趋同度越高，相应地，百分比有效价差（PES）和逆向选择成本（ASC）越低，信息不对称也越低。交易金额（TRDSUM）、股价（PRICE）均显著为负，与现有文献结果类似，如 Welker（1995）。与波动性、市场价值显著为正，也与预期结果一致。

当采用 ASC 作为被解释变量时，结果显示会计准则趋同指数 CVG1 和 CVG2 的系数分别为 0.5281 和 0.3100，且 CVG2 的系数在 1% 的水平上显著为正。与 PES 作为被解释变量回归结果类似，其他控制变量交易金额（TRDSUM）、股价（PRICE）均为负，令人奇怪的是市场价值 MV 的系数显著为负，与 PES 作为被解释变量回归结果不同，这可能是由于不同规模公司会计准则趋同效果不同所致，后面再做进一步分析，其他指标类似。总之，这充分证明会计准则趋同确实能够有效降低或缓解信息不对称性。

高质量会计准则是产生高质量会计信息的前提条件，如果高质量的会计准则能够得到有效执行，那么会计准则的国际趋同必然会带来高质量的会计信息。因此，会计信息质量的提高是会计准则国际趋同的最直接经济后果。会计准则趋同能够缓解信息不对称性在于通过财务报告的形式向信息弱势一方提供有关公司财务状况、经营成果和现金流量等方面的信息。并且，向信息弱势一方提供的信息数量越多，质量越高，信息不对称程度就会越低。会计准则的国际趋同带来会计报告中所披露信息的数量增加和质量提高，从而有助于减少不同利益集团之间的信息不对称。

4.4.4 进一步检验

从表 4-5 还可以看出，当信息不对称性采用不同指标 PES 和 ASC 来衡量时，市场价值 MV 的系数不一致。Dumontier 和 Maghraoui

(2007)指出只有规模较大的公司采用国际会计准则才会显著减少信息不对称,小公司采用国际会计准则不能够显著减少信息不对称。基于此,本章又根据市场价值MV划分为两个不同指标LMV、SMV。其中,当市场价值大于中位数时,LMV=1,表示大规模公司,否则为0;SMV=1-LMV,表示小规模公司。加入CVG与LMV的交乘项、CVG与SMV的交乘项,构建如下模型:

$$INFOASY_{i,t} = \beta_0 + \beta_1 CVG\_LMV_{i,t} + \beta_2 CVG\_SMV_{i,t} + \beta_3 TRDSUM_{i,t} + \beta_4 VOLATY_{i,t} + \beta_5 PRICE_{i,t} + \beta_6 MV_{i,t} + \sum YEAR + \sum IND + \varepsilon_{i,t} \quad (4-9)$$

表4-6报告了不同规模公司的会计准则趋同与信息不对称性的回归结果。当采用PES作为被解释变量时,CVG1_LMV、CVG1_SMV的系数均显著为正,分别为1.2531、0.5812;而当采用CVG2与LMV、SMV交乘时,CVG2_LMV、CVG2_SMV的系数分别为0.5321、0.0698,但CVG2_SMV系数并不显著。当采用ASC作为被解释变量时,CVG1_LMV的系数显著为正,而CVG1_SMV的系数为负,分别为2.5643、-0.0931;CVG2_LMV、CVG2_SMV的系数则分别显著为1.9318、-0.5642。

表4-6 不同规模公司会计准则趋同与信息不对称性的回归结果

	PES		ASC	
	(1)	(2)	(3)	(4)
CONS	0.7423*** (<0.0001)	0.6921*** (0.0010)	1.8323*** (<0.0001)	1.8036*** (<0.0001)
CVG1_LMV	1.2531*** (0.0049)		2.5643*** (<0.0001)	
CVG1_SMV	0.5812*** (<0.0001)		-0.0931 (0.1260)	
CVG2_LMV		0.5321*** (<0.0001)		1.9318*** (<0.0001)

续表

	PES		ASC	
	(1)	(2)	(3)	(4)
CVG2_SMV		0.0698 (0.1809)		-0.5642*** (<0.0001)
TRDSUM	-0.0280*** (<0.0001)	-0.0329*** (<0.0001)	-0.0332*** (0.0160)	-0.0189** (0.0240)
VOLATY	8.0323*** (0.0068)	8.3027*** (0.0078)	5.5143 (0.4400)	3.9109 (0.5145)
PRICE	-0.0607*** (0.0059)	-0.0506*** (0.0035)	-0.0566 (0.2402)	-0.0871 (0.1090)
MV	0.0096*** (<0.0001)	0.0089*** (<0.0001)	-0.0322*** (<0.0001)	-0.0431*** (<0.0001)
YEAR	控制	控制	控制	控制
IND	控制	控制	控制	控制
P 值	<0.0001	<0.0001	<0.0001	<0.0001
Adj R^2	68.12%	69.73%	19.28%	23.86%

注：***、**、*分别表示在1%、5%、10%水平下显著。

由此可知，小规模公司的会计准则趋同与信息不对称之间的关系不明朗，因为采用不同信息不对称性指标时，小规模公司的系数时正时负。但对于大规模公司来说，无论采用 PES 还是 ASC 作为被解释变量，大规模公司的会计准则趋同与信息不对称性始终显著为正，因此，大规模公司会计准则趋同效果较好，即大规模公司的会计准则趋同能够有效降低或缓解信息不对称性，而小规模公司会计准则趋同与信息不对称性之间的关系不明朗，有待进一步研究。

4.4.5 稳健性检验

为保证结论的科学性，本章还进行了稳健性检验：
（1）鉴于会计准则趋同指数衡量指标很多，为避免指标选择的不同造成差异，本章借鉴 Gray（1980）的方法构建了以下两个指标：

$$CVG3 = \frac{|\text{Net Assets}_{CAS} - \text{Net Assets}_{IFRS}|}{\text{Net Assets}_{IFRS}} \qquad (4-10)$$

其中，Net Assets$_{CAS}$ 和 Net Assets$_{IFRS}$ 分别表示中国新企业会计准则和国际财务报告准则下的净资产，CVG3 指标越小，会计准则趋同程度越高。

定义另一个指标 CVG4：

$$CVG4 = 1 - \frac{(\text{Net Income}_{CAS} - \text{Net Income}_{IFRS})}{|\text{Net Income}_{CAS}|} \qquad (4-11)$$

其中，NetIncomeCAS 表示按照中国会计准则计算出的净利润，而 NetIncomeIFRS 表示按照国际财务报告准则计算出的净利润。指数如果小于 0.90，说明按照国际财务报告准则（IFRS）披露的净利润至少小于按照中国会计准则（CAS）所披露的净利润的 10%；相反，如果计算的 CVG 指数大于 1.10，意味着按照 IFRS 披露的净利润至少大于按照 CAS 所披露的净利润的 10%。因此，只有当趋同性 CVG 指数位于 0.9~1.1 时，才被认为是趋同的。据此，本章将 CVG 指数定义为一个虚拟变量，当 C 指数位于 0.9~1.1 时，CVG 等于 1，否则 CVG 为 0，回归结果显示结论不变。

（2）本章还采用市场微观结构领域 Easley 等（1996）采用的知情交易概率（PIN）作为信息不对称性的替代，回归结果显示结论不变。

由此可知，本章研究结论是稳健的，即会计准则趋同确实降低或缓解了信息不对称性。

4.5　本章小结

随着会计准则趋同的进程加快，财政部会计司 2010 年发布的《中国企业会计准则与国际财务报告准则持续趋同路线图》（以下简称《路线图》)明确指出我国会计准则从 2006 年开始已经基本实现趋同。高质量会计准则是产生高质量会计信息的前提条件,如果高质量的会计准则能够得到有效执行,那么会计准则的国际趋同必然会带来高质量的会计信息,会计准则的国际趋同带来会计报告中所披露信息的数量增加和质量提高,从而有助于减少不同利益集团之间的信息不对称。

本章选择 2005~2008 年同时发行 A 股和 H 股的公司作为研究样本,研究了会计准则趋同与信息不对称性之间的关系。得出基本结论:现行会计准则实施后,会计准则信息披露逐步与国际财务报告准则趋同,信息披露的规范与完善降低或缓解了信息不对称性程度;趋同程度较高组信息不对称性指标 PES、ASC 的均值、中位数均显著降低,明显缓解了信息不对称;会计准则趋同程度较高组的信息不对称性显著低于会计准则趋同程度较低组。回归结果进一步表明,会计准则趋同确实能够有效降低或缓解信息不对称性,并且大规模公司的会计准则趋同在降低或缓解信息不对称性方面更加有效,小规模公司的会计准则趋同在降低或缓解信息不对称性方面关系却不明朗。

本章的研究充分说明我国会计准则的趋同效果是明显的,达到了降低或缓解会计信息不对称性的目的,企业会计准则的改革是富有成效的。我国证券市场初具规模,上市公司成为我国经济运行中最具发展优势的群体和资本市场投资价值的源泉,以信息披露为核心的证券市场基础制度体系也逐步建立和完善。与此同时,由于在发行制度、上市交易、信息披露、违规违法行为处罚和退市机制方面存在的固有制度缺陷,上市公司会计信息质量参差不齐,部分上市公司的会计信息质量差、信息不对称性高、财务欺诈也屡见不鲜。与国际财务报告准则趋同是建立全球统一高质量会计准则的切实途径,也是提高我国上市公司会计信息质量的重要举措。为了推进中国企业会计准则与国际财务报告准则的持续趋同,降低信息不对称性,维护投资者财产权益，本章建议：一是中国须继续支持国际会计准则理事会制定全球统一的高质量会计准则。会计是国际通用的商业语言，借鉴国际会计惯例推进中国会计改革，是维护市场经济秩序的基础。二是立足中国国情坚持持续趋同模式，重视实质趋同。按照《路线图》的要求，中国企业会计准则还将不断修改完善，既要保持与国际财务报告准则的持续趋同，又要切实解决中国会计的实际问题。三是积极深入参与国际财务报告准则的制定和修订，向国际会计准则理事会反映新兴经济体面临的特殊会计问题。以中国为代表的新兴经济体在发展过程中与发达国家面临的制度环境和市场环境存在显著差异，会计问题也有其特殊性，将这种特殊性反映在国际财务报告准则的制定和修订过程中是维护各国国家利益和推进全球统一高质量会计准则建设进程的必然选择。尽管本章进行了各种稳健性检验，但囿于计算方法存在的可能局限，还存在进一步改进和拓展的空间。

公司综合信息透明度的
经济效果研究
Chapter 5

第5章 机构投资者与公司综合信息透明度

本章以 2002~2014 年深交所上市公司为研究样本，综合运用会计信息透明度、股价信息透明度、公司治理透明度三个维度来度量公司综合透明度，基于静态和动态角度的研究发现，对于三个维度的信息透明度，机构投资者持股比例均表现出显著的正向促进作用。由于机构投资者与公司信息透明度的关系比较复杂，本章又采用联立方程模型，进一步研究了机构投资者与公司信息透明度的因果关系，较为全面地证实了机构投资者持股比例对公司综合信息透明度显著的正向促进作用。

5.1 引　　言

资本市场本质上是一个信息市场，投资者依据信息进行投资决策，资本也随着信息而流动（叶建芳等，2009）。为保证有限资源的配置效率，公司信息透明度是关键，也是保证市场公正和有效的重要环节。提升公司信息透明度是缓解投资者由于信息不对称所面临的逆向选择与道德风险问题的途径之一。

真实、充分、有效的信息披露可以提高公司信息透明度，但公司究竟应该披露什么样的信息也没有一致的界定，这也造成了现有研究的百花齐放。已有研究较多采用深交所信息披露考评结果，如张程睿（2008）、高雷和宋顺林（2007）、李丹蒙（2007）、谭劲松等（2010）、陈小林和孔东民（2012）等。虽然信息披露考评结果能够在较大程度上反映公司信息透明度，但不够全面。1998 年 9 月，巴塞尔银行监管委员会发布的"*Enhancing Bank Transparency*"研究报告中将透明度定义为"公开披露可靠与及时的信息，有助于信息使用者对银行的财务状况、业绩及风险等进行准确评价"。据此定义，高透明度意味着能够"透过现象看本质"，使用者能根据企业所提供的信息准确了解企业的财务状况、经营成果及风险程度等。换言之，在现有的确认与计量框架下，通过有效的披露来增强会计信息的透明度，应当是一种可行的选择。从目前的各种论述及现有会计准则的要求看，有效的披露应当包括披露更多的信息（即"充分披露"），还包括以恰当的方式披露恰当的信息（即"相关性"和"重要性"）。因此，透明信息的质量特征应当包括：全面、相关和及时、可靠、可比、重大。实际上，公司信息透明度是一个综合的概念，迄今为止，也没有一个具体的定义。尽管如此，就投资者的角度而言，他们最为关注的是会计信息透明度，以及在资本市场上股价信息的透明度，这直接影响到他们的投资者决策。基于此，本章不仅从深交所信息披露考评的结果来分析公司信息透明度，更侧重于从投资者最为关心的会计信息透明度与股价信息透明度来分析，从这三个维度来分析公司信息透明度，在一定程度上会更加全面。

随着机构投资者的快速发展，机构投资者的入市规模已占流通市值的一半以上；伴随着机构投资者队伍的壮大、持股比例的增加，机构投资者对资本市场产生的影响日益明显，相对于散户而言，他们不再是被动地接受上市公司披露的信息，而是更加积极主动参与到公司治理中来，并要求获得更高质量的信息，典型事件如"宝万之争"等。有研究发现，虽然机构投资者是相对较为成熟的投资者，其在信息收集与解读方面具有优势，但还是更愿意投资信息披露质量良好的公司（唐松莲和胡奕明，2011），但机构投资者成熟度不同，也会因为目的、能力和积极性不同，他们的行为表现出差异。机构投资者对公司信息透明度的影响研究受到越来越多学术界和实务界人士的关注，因此，本章拟围绕机构投资者与公司综合信息透明度之间的关系展开研究。

5.2 文献回顾与理论分析

5.2.1 文献回顾

关于公司信息透明度的研究，以往较多地侧重于公司信息透明度的决定机制或影响因素的分析。Bushman 等（2004）、崔学刚（2004）等研究发现，主要的影响因素有内部激励因素和外部压力因素，有经济、政治、文化等宏观因素，也有公司层面的微观治理机制因素。影响公司信息透明度的因素固然有很多，但随着机构投资者的兴起，机构投资者作为一种重要的公司治理机制受到越来越多的关注，其持股比例的变化会直接影响到公司信息透明度的变化。因此机构投资者对公司信息透明度的影响成为研究的焦点之一，如叶建芳等（2009）、王亚平等（2009）、唐松莲和胡奕明（2011）、陈小林和孔东民（2012）等。一方面，从全球来看，机构投资者已经成为发达国家资本市场上的主要投资主体，这是不争的事实，他们充分利用自己的优势去积极影响资本市场；另一方面，为顺应国际形势的发展和活跃资本市场，我国证监会于 2000 年提出"超常规发展机构投资者"，并将其作为改善资本市场投资者结构的重要举措。截至 2015 年年底，各类机构投资者持股占总市值的比例已达 40% 左右，占流通市值比例已达到 50% 以上。虽然"股改"完成后法人股解禁，机构持股占比被稀释，但毫无疑问，机构投资者已经成为资本市场的中坚力量。

有关机构投资者与公司信息透明度的研究，一方面，机构投资者在公司治理中的监督作用会抑制来自控股股东的代理问题，提高上市公司的信息披露水平。叶建芳等（2009）主要控制了由"遗漏变量"和"互为因果"引起的内生性问题后，研究发现真实环境下机构投资者持股确实能够积极作用于公司信息透明度。唐松莲和胡奕明（2011）也认为在信息透明度评级较高的公司，机构持股比例会较高、持股机构数目也会较多。另一方面，机构投资者在持仓阶段可能并不需要公司太高的透明度，这个时候他们不希望公司好的信息太透明，否则他们的建仓成本会太高。Maffett（2011）发现机构投资者能够从不透明的信息中获利。刘奕均和牛盼强（2010）研究发现持有同一家上市公司的机构数量越多，年报的披露越会延迟，同时还发现机构持股对于上市公司年报的审计意见类型和年报的补充公告的影响并不显著,因此认为我国机构投资者对于上市公司的内部治理作用还十分有限。李锐(2009)研究认为机构投资者持股提高公司透明度的作用受制于公司所在地市场化程度、公司第一大股东持股比例等因素。杨海燕等(2012)认为机构投资者对公司治理所起到的积极作用是有限的。原因在于:不同类型的机构投资者持股对会计信息质量的影响存在差异,没有任何一个类型的机构投资者既能提高财务报告可靠性,又能提高公司信息披露透明度。

纵览现有文献可知,目前研究尚存不足:一方面,由于尚无统一的透明度概念界定,目前对公司信息透明度影响因素的研究略显片面与散乱;另一方面,已有研究大多是从静态视角展开的,但公司透明度并不是不变的,会受到外部因素影响而进行动态调整。基于此,本章尝试做以下两方面努力:首先,本章拟从会计、股价和公司治理等视角尝试构建一个综合透明度,对透明度的研究会相对全面与稳健;其次,尝试从动态视角考察透明度变化,对透明度的影响分析会相对客观与合理。

5.2.2 理论分析

前人关于机构投资者在资本市场中的作用存在两种对立的理论——监督理论和短期效益主义理论。监督理论认为机构投资者专业能力强,持股比例大,因而对管理层的影响能力强;且由于机构投资者投资持股比例大,相对于散户来说,更有动机去收集信息和监督管理层,以达到长期价值最大化目标,而不仅仅只是为了迎合短期盈利目标,因此稳定型的机构投资者会对其所投资的公司进行监管。短期效益主义理论认为机构投资者一般会基于分散风险的考虑进行多种证券投资来保持流动性,其投资不是基于长远目标的考虑;由于监督需要成本且费时,导致机构投资者不愿意对其投资公司进行监督。

机构投资者在提高公司透明度方面的作用,已有的实证研究证明机构投资者与公司透明度正相关(叶建芳等,2009;唐松莲和胡奕明，2011；杨海燕等，2012），但是这并不能证明机构投资者促进了公司透明度的提高。一般而言，机构投资者信息渠道与信息分析能力相对较强，在机构投资者没有控制权的情况下，更倾向于持有高透明度公司的股票，从而造成其正相关；但对于机构投资者改善公司信息透明度的动机及影响机理不甚明确，而这正是本章研究的重点。国内外研究表明，信息透明度提高有助于提高公司价值。信息透明度高的上市公司容易得到外部投资者认可，公司股价相对较高（Madhavan，1995）；信息透明度的持续、稳定提高有助于提高公司股票的流动性，降低资本成本（Botosan，1997；汪炜和蒋高峰，2004；曾颖和陆正飞，2006）。如果公司信息透明度高，公司的投资价值也越高，机构投资者做出错误判断的可能性就越小；如果会计信息不透明，证券市场会给予这家公司一个比较低的估值，公司价值会因此而降低，这会给机构投资者带来损失。机构投资者虽然普遍投资分散，但资产规模很大，这就使他们有动力在普遍意义上去倡导和推行股东的"积极行动主义"，包括推动上市公司改进公司治理、提高透明度等。机构投资者在选股时会偏好公司治理健全、透明度高的公司，反过来公司要想在获取资本方面具有竞争力，也需要改进公司治理和透明度。随着机构投资者队伍的壮大和机构投资者结构的变化，机构投资者对上市公司信息披露会提出越来越高的要求，上述转变会产生相应的正的外部性，并由此推进我国上市公司信息透明度的提高。因此，提出本章假说：

在其他条件不变的情况下，机构投资者能够显著增加公司综合信息透明度。

5.3　研究设计

5.3.1　变量及模型

学术界对公司信息透明度至今还没有明确的定义，这在很大程度上取决于研究问题与研究目标不尽相同,实务中所说的透明度含义也比较宽泛与模糊。在很多研究中,并没有明确区分会计信息透明度、股价信息透明度与公司信息透明度。从名称上看,信息披露透明度、公司信息透明度与会计信息透明度经常混用。那么应该如何衡量公司信息透明度呢?透明度包括很多方面,财务或会计信息透明度仅是其中一个方面,此外,公司还披露诸如社会责任报告、内部控制报告等。因此,公司信息透明度是公司特定信息被投资者接受的程度,具体包括财务信息透明度和公司治理透明度(Bushman et al.,2004)。其中,财务信息透明度是指财务信息能够被投资者理解、解读与扩散的程度。公司治理透明度不仅取决于会计,还受到机构投资者、财务分析师和媒体参与的影响。但他们没有考虑资本市场信息透明度,即股价信息透明度。

由于概念界定的模糊,造成了现有研究对透明度衡量的多样化。现有研究对透明度的衡量方法大致可以分为两类:第一类是基于信息披露数量的透明度衡量方法,分为强制披露数量与自愿披露数量,该类方法主要通过建立信息披露指数。第二类是基于信息披露质量的透明度衡量方法。该类方法包括:直接使用有关组织的评价结果,如财务分析研究中心(CIFAR)、标准普尔的"透明度披露排名"、普华公司的"不透明度指数";或者选择某些能够反映信息披露水平的特殊方面构建指标,如盈余激进度、收益平滑度、总收益不透明度等(Bhattacharya et al.,2003)。

基于以上分析,立足我国的体制特征与市场环境,本章认为公司透明度至少应该包括三个维度:会计信息透明度、股价信息透明度、公司治理透明度。主要变量定义如下:

(1)会计信息透明度。主要参考 Bhattacharya 等(2003)和 Francis 等(2004)的方法来衡量会计信息透明度,国内学者大多借鉴了这种方法来衡量会计透明度(如王艳艳等,2006;周中胜等,2008)。因此,本章选择盈余激进度(EA)和盈余平滑度(ES)这两个指标，并采用十分位数赋值方法计算综合会计信息透明度（ATran）来测度会计信息透明度。盈余激进度计算方法：

$$EA_{i,t} = ACC_{i,t} = (\Delta CA_{i,t} - \Delta CL_{i,t} - \Delta CASH_{i,t} + \Delta STD_{i,t} - DEP_{i,t})/TA_{i,t} \quad (5-1)$$

其中，$ACC_{i,t}$ 为 i 公司 t 年应计项目，$\Delta CA_{i,t}$ 为 i 公司 t 年的流动资产变动额，$\Delta CA_{i,t}$ 为 i 公司 t 年的流动负债的变动额，$\Delta CASH_{i,t}$ 为 i 公司 t 年的货币资金变动额，$\Delta STD_{i,t}$ 为 i 公司 t 年的一年内到期的长期负债变动额，$DEP_{i,t}$ 为 i 公司 t 年的折旧和摊销额，$TA_{i,t}$ 为 i 公司 t 年期初总资产。ACC 值越大说明公司具有越强的盈余激进动机，会计信息的透明度越低。

与 Francis 等（2004）的方法类似，定义盈余平滑度等于经营活动现金净流量变异程度与公司净利润变异程度之比来衡量。ES 的数值越大，说明盈余平滑度越低，公司会计信息的不透明程度则越高，具体定义为：

$$ES_{i,t} = \sigma(NI_{i,t})/\sigma(CFO_{i,t}) \quad (5-2)$$

其中，下标 i、t 表示 i 公司第 t 年的值，NI 表示公司净利润，CFO 表示经营活动现金净流量，在计算标准差时，本章以 (t-2, t) 年内的标准差进行计算分析。

此外，还采用十分位数赋值方法计算综合会计信息透明度（ATran），ATran = [decile(EA) + decile(ES)]/2，与前两个指标一致，盈余平滑度越大，说明会计信息透明度越低。为了理解上的方便，后面的分析均将 EA、ES、ATran 这三个指标均乘以 -1（为避免混淆，仍然采用这三个符号），之后这三个指标越大就表明会计信息透明度也就越大（后面这三个指标的含义与此相同）。

(2) 股价信息透明度。借鉴 Durnev 等（2009）的研究，对股价信息透明度采用能够表现公司特质信息的股票价格的同步性来衡量。如果公司股票收益与市场和行业因素高度相关，那么股票收益可能较少包含公司特质信息；如果股票收益变化与市场和行业收益不同步，那么表示股票价格包含更多公司的特质信息。构建下列回归模型：

$$r_{i,t} = \alpha_i + \beta_{1,i} r_{ind,t} + \beta_{2,i} r_{m,t} + \varepsilon_{i,t} \tag{5-3}$$

其中，$r_{i,t}$ 是公司 i 的周收益，$r_{ind,t}$ 是按照行业分类后行业价值加权收益，$r_{m,t}$ 是市值加权的市场收益。定义股价信息透明度：$STran = \ln[(1-R_i^2)/R_i^2]$，其中 R_i^2 表示拟合优度。R_i^2 越大，股价信息透明度值越低，意味着单只股票收益与行业和市场指数越同步，股票价格包含较少的公司特质信息。

（3）公司治理透明度（Disc）。深交所信息披露考评涉及的方面包括信息披露、规范运作、监管措施和违规处罚等，这几个方面涉及内部控制的有效性、上市公司及其董事、监事、高级管理人员、控股股东、实际控制人被出具监管函，或受到行政处罚、通报批评和公开谴责等情况，而这些无不与公司治理相关，在某种程度上这也是对公司治理信息的反应，因此，从这个角度来看，采用考评结果来衡量公司治理透明度是合适的。根据 2011 年修订的《深圳证券交易所上市公司信息披露工作考核办法》，考核结果依据上市公司信息披露质量从高到低划分为 A、B、C、D 四个等级，分别赋值（Disc）为 4、3、2、1，因此 Disc 数值越大，代表公司治理透明度越高。

（4）机构投资者。这是本章主要关注的自变量，选择两个指标进行衡量：一是机构投资者持有 A 股比例（Insa），定义为机构投资者持有 A 股股数在 A 股总股数中的占比；二是机构投资者持有无限售流通 A 股比例（Insura），定义为机构投资者持有无限售流通 A 股数量在无限售 A 股总数的占比。

（5）其他控制变量。参考已有的研究，主要控制了公司治理机制和样本公司基本特征的变量：公司规模（Size）、第一大股东持股比例（Top1）、管理层持股比例（Mghold）、董事会人数（BN）、独立董事比例（Indep）、CEO 与董事长两个职位是否由同一人担任（Dual）、主营业务收入增长率（Growth）、总资产收益率（ROA）、资产负债率（Lev）、审计意见类型（Audit）以及公司的上市年限

(Age)。同时控制了年度和行业变量。变量具体定义如表 5-1 所示。

表 5-1　　　　　　　　　　变量定义

变量类型	变量符号	变量定义
因变量	ATran	会计信息透明度
	STran	股价信息透明度
	Disc	公司治理透明度，采用深交所信息披露考评结果
解释变量	Insa	机构投资者持有 A 股比例，定义为机构投资者持有 A 股股数在 A 股总股数中的占比
	Insura	机构投资者持有无限售流通 A 股比例，定义为机构投资者持有无限售流通 A 股数量在无限售 A 股总数的占比
控制变量	Size	公司规模，总资产的自然对数
	Top1	第一大股东持股比例
	Mghold	高管持股比例
	BN	董事会人数
	Indep	独立董事占董事会比例
	Dual	CEO 与董事长两个职位是否由同一人担任，是则为 1，否则为 0
	Growth	主营业务收入增长率
	Roa	总资产报酬率
	Lev	资产负债率
	Audit	审计质量，标准无保留意见则取 1，否则为 0
	Age	公司的上市年数，取对数
	YEAR	年度
	IND	行业

为检验本章的研究假说，构建如下回归模型：

$$\begin{aligned}Trans_{i,t} = & \alpha_0 + \beta_1 INST_{i,t} + \beta_2 Size_{i,t} + \beta_3 Top1_{i,t} + \beta_4 Mghold_{i,t} \\ & + \beta_5 BN_{i,t} + \beta_6 Indeprt_{i,t} + \beta_7 Dual_{i,t} + \beta_8 Grow_{i,t} \\ & + \beta_9 Roa_{i,t} + \beta_{10} Lev_{i,t} + \beta_{11} Audit_{i,t} + \beta_{12} Age_{i,t} \\ & + \sum \beta_{13,t} YEAR_t + \sum \beta_{14,t} IND_t \end{aligned} \quad (5-4)$$

其中，下标 i，t 表示 i 公司第 t 年的值，Trans 表示公司信息透明度，在分析过程中分别采用会计信息透明度（ATran）、股价信息透明度（STran）、公司治理透明度（Disc）这三个维度来衡量。INST 表示机构投资者持股比例，这也是本章主要关注的自变量，分别利用机构投资者持有 A 股比例（Insa）以及机构投资者持有无限售流通 A 股比例（Insura）这两个指标。其余变量均在表 5-1 进行定义。

众所周知，公司透明度以及机构投资者持股比例并不是一成不变的，而是一个动态变化的过程，因此，本章又从动态角度构建了如下回归模型：

$$\Delta Trans_{i,t} = \alpha_0 + \beta_1 \Delta INST_{i,t} + \beta_2 INST_{i,t-1} + \beta_3 Trans_{i,t-1} + \beta_4 \Delta Size_{i,t}$$
$$+ \beta_5 \Delta Top1_{i,t} + \beta_6 \Delta Mghold_{i,t} + \beta_7 \Delta BN_{i,t} + \beta_8 \Delta Indeprt_{i,t}$$
$$+ \beta_9 \Delta Dual_{i,t} + \beta_{10} \Delta Grow_{i,t} + \beta_{11} \Delta Roa_{i,t} + \beta_{12} \Delta Lev_{i,t}$$
$$+ \beta_{13} \Delta Audit_{i,t} + \sum \beta_{14,t} YEAR_t + \sum \beta_{15,t} IND_t \quad (5-5)$$

其中，$\Delta Trans$、$\Delta INST$ 分别表示公司信息透明度的变化、机构投资者持股比例的变化。与模型（5-4）的区别在于，模型（5-5）分析的是机构投资者持股比例的变化对公司透明度变化的影响，并控制了上一期的公司透明度及上一期的机构投资者持股比例。

5.3.2 样本与数据

本章以 2002~2014 年为研究区间，以深市 A 股非金融行业上市公司为研究对象，筛选标准如下：（1）剔除金融行业公司；（2）剔除 ST、PT 类公司；（3）剔除相关数据缺失的公司。经过筛选后共得到 5511 个观测值，在动态分析过程中由于差分使样本观测值减少为 3946 个。由于涉及滞后期的计算，实际用到的数据期间从 2000 年开始。

机构投资者持股数据来源于锐思数据库（RESSET），其他财务指标数据来源于 CSMAR 数据库。对所有涉及的连续变量均进行了 1% 和 99% 分位数的缩尾（winsorize）处理。

5.4 实证结果与分析

5.4.1 描述性统计分析

所有变量的描述性统计结果如表 5-2 所示。由表 5-2 可知，机构投资者持有 A 股比例的均值为 15.3%，中位数为 6.8%，标准差为 0.19，表明我国上市公司的机构投资者持股比例差异不大。机构投资者持有无限售流通 A 股比例均值和中位数分别为 10.5% 和 6.8%。这些数据都表明，机构投资者在我国上市公司的流通股中已经占据了一定地位，相对于散户而言，在干预上市公司的公司治理和信息披露方面具有一定话语权。会计信息透明度（ATran）、股价信息透明度（STran）的均值分别为 4.49 和 -0.054，公司治理透明度（Disc）均值和中位数分别为 2.76 和 3，说明在 2002~2014 年的样本期间，样本公司的平均考核等级为 B 以上，信息透明度渐趋良好。第一大股东持股比例（Top1）的均值和中位数分别为 37.4% 和 34.5%，而管理层持股比例（Mghold）的均值仅为 0.1%，中位数则更小。独立董事占董事会比例（Indep）均值和中位数分别为 32.7% 和 33.33%，符合中国证监会《关于在上市公司建立独立董事制度的指导意见》中的规定，上市公司董事会成员中应当至少包括三分之一独立董事。

表 5-2　　　　　变量描述性统计

	均值	中位数	3/4 分位数	1/4 分位数	标准差
ATran	4.490	4.500	6.000	3.000	1.940
STran	-0.054	-0.079	0.436	-0.589	0.795
Disc	2.760	3.000	3.000	2.000	0.665
Insa	0.153	0.068	0.237	0.008	0.190
Insura	0.105	0.068	0.161	0.017	0.110

续表

	均值	中位数	3/4分位数	1/4分位数	标准差
Size	21.500	21.400	22.20	20.800	1.080
Top1	37.400	34.500	50.100	24.000	16.200
Mghold	0.001	0.00005	0.0002	0.000	0.002
BN	9.340	9.000	11.000	8.000	2.100
Indep	0.327	0.333	0.364	0.333	0.101
Dual	0.135	0.000	0.000	0.000	0.342
Growth	0.252	0.140	0.329	-0.017	0.685
Roa	0.032	0.031	0.059	0.001	0.067
Lev	0.505	0.512	0.641	0.374	0.197
Audit	0.944	1.000	1.000	1.000	0.229
Age	2.760	2.830	2.890	2.560	0.234

5.4.2 相关性分析

表5-3列示了所有变量的相关系数表。其中，上三角部分为Pearson相关系数，下三角部分为Spearman相关系数。首先，从表5-3来看，除STran和Disc的Spearman相关系数显著为-0.019外，公司信息透明度的三个维度之间的相关系数均表现为正相关，会计信息透明度（ATran）与股价信息透明度（STran）、公司治理透明度（Disc）的Pearson相关系数分别为0.049、0.056，Spearman秩相关系数分别为0.048、0.063，而股价信息透明度（STran）与公司治理透明度（Disc）的Pearson相关系数为0.103。这说明本章构建的三个维度的公司信息透明度是合理的。其次，机构投资者持有A股比例（Insa）与会计信息透明度（ATran）、股价信息透明度（STran）、公司治理透明度（Disc）的Pearson相关系数分别为0.018、0.116和0.095，Spearman秩相关系数则分别为0.022、0.128

表 5 – 3　变量相关系数

	ATran	STran	Disc	Insa	Insura	Size	Topl	Mghold	BN	Indep	Dual	Growth	Roa	Lev	Audit	Age
ATran	1	0.049***	0.056***	0.018	0.000	-0.005	0.012	-0.008	0.019	-0.035	-0.016	-0.014	-0.049***	0.044***	-0.075***	-0.023
STran	0.048***	1	0.103***	0.116***	0.033**	-0.184***	-0.054***	-0.056***	-0.092***	-0.108***	0.045***	0.127***	0.047***	0.085***	-0.024	0.071***
Disc	0.063***	-0.109***	1	0.095***	0.198***	0.290***	0.133***	0.057***	0.132***	0.059***	-0.083***	0.084***	0.265***	-0.022	0.164***	-0.078***
Insa	0.022	0.128***	0.066***	1	0.651***	0.108***	-0.106***	0.015	0.052***	0.148***	0.007	0.107***	0.252***	0.021	0.079***	0.053***
Insura	0.011	0.052***	0.168***	0.594***	1	0.267***	-0.012	0.046***	0.092***	0.092***	-0.012	0.101***	0.320***	0.018	0.110***	-0.006
Size	-0.005	-0.211***	0.310***	0.055***	0.201***	1	0.144***	0.141***	0.240***	0.114***	-0.087***	0.155***	0.196***	0.305***	0.082***	-0.131***
Topl	0.020	-0.069***	0.131***	-0.022*	0.006	0.149***	1	-0.144***	0.032**	-0.149***	-0.092***	0.082***	0.141***	-0.053***	-0.004	-0.348***
Mghold	-0.041***	-0.047***	0.016	0.035***	0.096***	0.143***	-0.124***	1	0.131***	-0.119***	0.018	0.013	0.052***	0.026*	0.016	0.116***
BN	0.020	-0.100***	0.142***	0.024*	0.070***	0.270***	0.033**	0.090***	1	-0.258***	-0.111***	0.012	0.075***	0.064***	-0.005	-0.114***
Indep	-0.053***	0.106***	0.083***	0.203***	0.160***	0.131***	-0.180***	-0.013	-0.188***	1	0.025	0.048***	0.021	0.076***	0.051***	0.025
Dual	-0.014	0.046***	-0.079***	-0.004	-0.011	-0.087***	-0.084***	0.045***	-0.091***	0.017	1	-0.064***	-0.016	-0.014	-0.036***	0.031**
Growth	0.023*	0.103***	-0.001	0.058***	0.030**	0.061***	0.080***	0.009	-0.030**	0.077***	-0.032**	1	0.309***	0.096***	0.044***	-0.029**
Roa	-0.112***	0.032**	0.243***	0.197***	0.243***	0.194***	0.121***	0.067***	0.051***	0.060***	-0.029**	0.239***	1	-0.279***	0.146***	-0.036***
Lev	0.048***	0.093***	-0.034**	0.002	0.006	0.272***	-0.057***	0.037***	0.043***	0.096***	-0.003	0.050***	-0.299***	1	-0.074***	0.090***
Audit	-0.078***	-0.029**	0.180***	0.065***	0.088***	0.095***	-0.009	0.001	-0.011	0.082***	-0.036***	0.005	0.209***	-0.105***	1	0.016
Age	-0.021	0.067***	-0.076***	0.050***	-0.008	-0.134***	-0.332***	-0.013	-0.105***	0.036***	0.040***	0.010	-0.026*	0.078***	0.008	1

注：上三角部分为 Pearson 相关系数，下三角部分为 Spearman 相关系数；*、**、*** 分别表示在 10%、5% 和 1% 水平上显著。

和 0.066，均表现为正相关关系；对于机构投资者持有无限售流通 A 股比例（Insura）与三个维度的信息透明度的 Pearson 相关系数分别为 0、0.033 和 0.095，Spearman 秩相关系数则分别为 0.011、0.052 和 0.168，也均表现为正相关关系。Insa 与 Insura 的 Pearson 相关系数和 Spearman 秩相关系数分别为 0.651 和 0.594。

5.4.3 多元回归分析

（1）机构投资者与透明度的静态回归结果。

采用模型（5-2）对机构投资者持股比例与三个维度信息透明度进行静态回归，结果如表 5-4 所示。由表 5-4 列示的回归 1~回归 6 的 P 值和 Adj_R^2 的结果来看，说明模型（5-2）是有效的。回归 1~回归 4 采用混合最小二乘法（Pool OLS），得到异方差—稳健标准误。回归 5 和回归 6 则采用 Ordered Logistic 方法。回归 1、回归 3 和回归 5 均是以机构投资者持有 A 股比例（Insa）为解释变量的，因变量是三个维度的透明度，分别是会计信息透明度（ATran）、股价信息透明度（STran）、公司治理透明度（Disc）。由回归结果可知，Insa 的回归系数分别为 0.323、0.402 和 0.592，至少在 10% 的水平上是显著的。这说明机构投资者持有 A 股比例对公司信息透明度有显著为正的作用。回归 2、回归 4 和回归 6 均是以机构投资者持有无限售流通 A 股比例（Insura）为解释变量的，因变量仍然是三个维度的透明度。机构投资者持有无限售流通 A 股比例（Insura）的回归系数分别为 0.644、0.789 和 1.452，且至少在 5% 的水平上显著。这与叶建芳等（2009）、李锐（2009）等以往研究结果基本类似。控制变量方面，Size 与三个维度的透明度的回归系数均为正，并且其与股价信息透明度、公司治理透明度都是在 1% 的水平上显著，说明资产规模越大，公司信息透明度越高。第一大股东持股比例（Top1）表现出与会计信息透明度（ATran）、公司治理透明度（Disc）显著正相关，但与股价信息透明度为负相关，这说明第一大股东持股比例对公司信息透明度的作用不稳定。从会计信息透明度来看，独立董事比例、主营业务收入增长率、资产负债率越大，会计信息透明度越高，总资产报酬率、审计意见与会计信息透明度负相关。再看股价信息透明度，独立董事比例、CEO与董事长由一人兼任、主营业务收入增长率、总资产报酬率、资产负债率均与此正相关。某些指标如主营业务收入增长率、资产负债率与公司治理透明度的关系表现出与前两个纬度透明度的关系刚好相反。由此也可以看出，公司信息透明度的决定因素有很多，采取不同的方法来衡量透明度可能得到不一样的结果，这或许是造成现有研究未达成共识的原因。但部分控制变量与公司治理透明度关系的不确定性不会影响到本章的研究问题。从表5-4的六个回归结果来看，机构投资者持股比例与公司信息透明度的关系始终表现出显著正相关①。这与已有文献证明机构投资者与公司透明度正相关相一致，验证了本章假说，但我们知道，公司信息透明度及机构投资者持股比例并不是一成不变的。由此，本章进一步考察两者动态变化结果。

表 5-4　　　　　机构投资者与透明度的静态回归结果

	1	2	3	4	5	6
	ATran	ATran	STran	STran	Disc	Disc
Insa	0.323* (1.99)		0.402** (2.84)		0.592** (2.92)	
Insura		0.644** (3.16)		0.789** (2.97)		1.452*** (3.68)
Size	0.038 (0.81)	0.041 (0.89)	0.216*** (11.01)	0.215*** (13.37)	0.501*** (12.37)	0.478*** (10.25)

---

① 针对模型可能存在第一大股东就是机构投资者的情形会影响研究结果，经过比较分析发现此种情形很少，排除此类样本的结果与此一致。此处感谢审稿专家的宝贵意见与建议。

续表

	1	2	3	4	5	6
	ATran	ATran	STran	STran	Disc	Disc
Top1	0.003 (0.84)	0.002 (0.60)	-0.002 (-1.44)	-0.001 (-0.96)	0.008*** (3.50)	0.009*** (3.50)
Mghold	-28.580* (-2.07)	-31.690* (-2.40)	-3.628 (-0.71)	-5.325 (-1.19)	1.306 (0.05)	-9.048 (-0.35)
BN	0.021* (2.01)	0.014* (2.35)	-0.008* (-2.42)	-0.014* (-2.26)	0.068*** (4.05)	0.066*** (3.34)
Indep	0.499 (1.80)	0.606 (1.64)	0.074 (0.85)	0.193* (2.44)	0.317 (0.58)	0.386 (0.58)
Dual	0.003 (0.04)	-0.019 (-0.22)	0.063* (2.26)	0.059 (1.91)	-0.220* (-2.11)	-0.225 (-1.80)
Growth	0.145** (2.95)	0.177** (2.81)	0.081*** (6.85)	0.061*** (4.64)	-0.107* (-2.02)	-0.142* (-2.31)
Roa	-5.275*** (-5.18)	-3.889*** (-4.12)	0.935*** (5.13)	1.133*** (4.06)	5.712*** (8.43)	6.378*** (7.43)
Lev	0.356 (1.47)	0.406 (1.30)	0.629*** (7.24)	0.740*** (8.01)	-0.565** (-2.78)	-0.451 (-1.87)
Audit	-0.327* (-2.17)	-0.435*** (-3.50)	-0.079** (-2.68)	-0.027 (-0.44)	1.240*** (7.69)	1.398*** (5.82)
Age	-0.075 (-0.58)	-0.056 (-0.70)	0.018 (0.44)	0.060 (1.01)	0.014 (0.08)	-0.033 (-0.18)
cons	4.173*** (3.50)	4.189*** (3.58)	4.249*** (11.69)	3.956*** (9.40)		
cut1_cons					8.602*** (9.26)	8.568*** (8.22)
cut2_cons					11.75*** (12.66)	11.84*** (11.38)
cut3_cons					15.28*** (16.27)	15.31*** (14.56)
Year	控制	控制	控制	控制	控制	控制

续表

	1	2	3	4	5	6
	ATran	ATran	STran	STran	Disc	Disc
Ind	控制	控制	控制	控制	控制	控制
N	5511	5511	5511	5511	5511	5511
Adj_R^2	0.057	0.044	0.308	0.345		
Pseudo R^2					0.115	0.109
P	0.000	0.000	0.000	0.000	0.000	0.000

注：括号内为 t 值；*、**、*** 分别表示在 10%、5% 和 1% 水平上显著。

（2）机构投资者与透明度的动态回归结果。

采用模型（5-3）对机构投资者持股比例的变化与公司信息透明度变化进行动态回归，表5-5报告了机构投资者与透明度的动态回归结果。回归1和回归2是以会计信息透明度的变化（ΔATran）为因变量，可以发现机构投资者持股比例的变化及其滞后项均不显著，而且其与会计信息透明度变化的关系不稳定。但会计信息透明度的滞后项均表现出显著的负相关关系。这说明上一期会计信息透明度更高，本期会计信息透明度的变化方向相反，即会计信息透明度会降低。回归3和回归4中因变量是股价信息透明度的变化（ΔSTran）。由表可知，机构投资者持股比例的变化及其滞后项与股价信息透明度的变化均呈现正相关关系，并且机构投资者持股比例的变化至少在10%水平上显著影响股价信息透明度的变化，这说明机构投资者持股比例的增加会显著促进信息透明度的增加。回归5和回归6是以公司治理透明度的变化（ΔDisc）作为因变量的结果，结果与回归3和回归4基本类似。这些结果都充分说明，机构投资者持股比例的增加会显著正向促进公司信息透明度的提高。这也与机构投资者积极主义相符合，虽然基于会计信息透明度的结果并不稳定，但对结果影响不大。其他控制变量与以往研究发现相差不大。

值得注意的是，机构投资者确定品种后，在陆续建仓过程中不希望公司好的信息太透明，否则建仓成本会太高；但建仓完毕后，他们又希望公司好信息逐步趋向于透明,这有助于提升公司投资价值。由前面理论分析可知,一般而言,机构投资者信息渠道与信息分析能力相对较强,在机构投资者没有控制权的情况下,更倾向于持有高透明度公司的股票,从而造成两者正相关。但已有研究对于机构投资者改善公司信息透明度的动机及影响机理不甚明确。且机构投资者在选股时会偏好公司治理健全、透明度高的公司,反过来公司要想在获取资本方面具有竞争力,也需要改进公司治理和透明度。因此,机构投资者与公司信息透明度的关系可能不是简单线性关系。机构投资者需要一定的透明度作为分析的基础,但是过高的信息透明度也许会反过来减少自身分析研究的回报率。为此,本章做了如下稳健性检验。

表 5-5　　机构投资者与透明度的动态回归结果

	1	2	3	4	5	6
	ΔATran	ΔATran	ΔSTran	ΔSTran	ΔDisc	ΔDisc
ΔInsa	0.167 (1.15)		0.285* (2.16)		0.098* (1.70)	
LagInsa	−0.003 (−0.01)		0.104 (1.01)		0.370*** (3.13)	
ΔInsura		−0.173 (−0.74)		0.846** (3.23)		0.216* (1.68)
LagInsura		0.452 (1.49)		0.136 (0.68)		0.894*** (3.34)
LagATran	−0.918*** (−73.01)	−0.933*** (−69.07)				
LagSTran			−0.660*** (−11.24)	−0.666*** (−16.18)		
LagDisc					−0.706*** (−35.16)	−0.561*** (−20.10)
ΔSize	−0.085 (−0.45)	0.084 (0.43)	−0.0935** (−3.15)	0.019 (0.57)	0.376*** (5.79)	0.276*** (5.53)

续表

	1	2	3	4	5	6
	ΔATran	ΔATran	ΔSTran	ΔSTran	ΔDisc	ΔDisc
ΔTop1	0.009 (1.32)	0.004 (0.39)	-0.001 (-0.61)	0.000 (0.15)	-0.005** (-4.23)	-0.006** (-2.67)
ΔMghold	-32.25 (-1.66)	-10.61 (-0.76)	1.096 (0.21)	-7.329 (-0.89)	-6.016 (-1.08)	-10.54* (-2.03)
ΔBN	0.048 (1.59)	0.004 (0.07)	-0.003 (-0.81)	-0.006 (-0.93)	0.009** (3.18)	0.0199** (2.92)
ΔIndep	-0.798 (-1.71)	-0.792 (-1.21)	0.0851 (0.87)	0.272* (2.15)	-0.039 (-0.29)	0.0607 (0.39)
ΔDual	-0.072 (-0.77)	-0.109 (-0.99)	0.079*** (4.08)	0.082* (2.08)	-0.007 (-0.32)	-0.0292 (-0.77)
ΔGrowth	0.096* (2.10)	0.141*** (5.66)	0.044* (2.07)	-0.003 (-0.26)	-0.025* (-2.29)	-0.029 (-1.55)
ΔRoa	-0.684 (-1.76)	-0.047 (-0.06)	1.022** (2.61)	1.175*** (4.07)	-0.055 (-0.26)	-0.196 (-0.66)
ΔLev	5.090*** (14.15)	5.526*** (12.28)	0.100 (0.79)	0.013 (0.09)	-0.513*** (-4.22)	-0.630** (-2.76)
ΔAudit	-0.749*** (-8.86)	-0.706*** (-4.33)	-0.176** (-2.81)	-0.151** (-2.67)	0.293*** (9.75)	0.267*** (3.37)
cons	5.045*** (33.65)	5.087*** (30.04)	-0.479*** (-8.36)	-0.643*** (-6.75)	1.388*** (36.39)	1.428*** (14.42)
Year	控制	控制	控制	控制	控制	控制
Ind	控制	控制	控制	控制	控制	控制
N	3946	3946	3946	3946	3946	3946
Adj_R^2	0.519	0.523	0.546	0.567	0.332	0.343
P	0.000	0.000	0.000	0.000	0.000	0.000

注：括号内为t值；*、**、*** 分别表示在10%、5%和1%水平上显著。

5.4.4 稳健性检验

为理顺机构投资者是否是公司信息透明度提高的原因之一，也为了控制可能出现的内生性问题，本章对其进行了稳健性检验。基于价值投资的角度，机构投资者积极参与公司治理会使上市公司信息透明度提高，从另一方面来看，机构投资者投资时会倾向于选择信息透明度高的公司，或者说由于公司透明度高，会降低机构投资者诸如包含甄别成本在内的交易成本，因此才会吸引更多的机构投资者。Healy 等（1999）发现，机构投资者倾向于购买信息披露较充分公司的股票，可能的原因是机构投资者希望能够继续从公司得到更多的信息披露。为了处理内生性问题，本章构建了如下的联立方程模型：

$$INST_{i,t} = \alpha_0 + \beta_1 Trans_{i,t} + \beta_2 Trans_{i,t-1} + \beta_3 INST_{i,t-1} + \beta_4 Size_{i,t} \\ + \beta_5 Top1_{i,t} + \beta_6 Mghold_{i,t} + \beta_7 BN_{i,t} + \beta_8 Grow_{i,t} + \beta_9 Roa_{i,t} \\ + \beta_{10} Lev_{i,t} + \beta_{11} Audit_{i,t} + \sum \beta_{12,t} YEAR_t + \sum \beta_{13,t} IND_t$$

(5-6)

$$Trans_{i,t} = \alpha_0 + \beta_1 INST_{i,t} + \beta_2 Size_{i,t} + \beta_3 Top1_{i,t} + \beta_4 Mghold_{i,t} \\ + \beta_5 BN_{i,t} + \beta_6 Indeprt_{i,t} + \beta_7 Dual_{i,t} + \beta_8 Grow_{i,t} + \beta_9 Roa_{i,t} \\ + \beta_{10} Lev_{i,t} + \beta_{11} Audit_{i,t} + \sum \beta_{12,t} YEAR_t + \sum \beta_{13,t} IND_t$$

(5-7)

为了保证联立方程能够识别，在以机构投资者作为因变量的式（5-6）中加入公司信息透明度和机构投资者持股比例的滞后项作为工具变量，同时去除了影响不显著的 Indep 和 Dual 两个变量，联立方程组采用三阶段回归的方法进行拟合，结果如表 5-6 所示。

表 5 – 6　　　　　　　　　　联立方程回归

	1	2	3	4	5	6
	ATran	Insura	STran	Insura	Disc	Insura
Insura	1.208* (1.71)		0.618** (2.68)		1.369*** (6.19)	
Trans		0.583 (0.07)		0.0706 (1.19)		-0.0559 (-0.59)
LagTrans		0.013 (0.03)		0.00109 (0.07)		0.0142 (0.44)
LagInsura		0.192 (0.03)		0.581*** (27.11)		0.643*** (11.66)
Size	0.061 (1.29)	-0.037 (-0.08)	-0.215*** (-13.86)	0.0127 (1.31)	0.151*** (10.14)	0.003 (0.35)
Top1	0.003 (1.21)	-0.002 (-0.07)	-0.001 (-0.98)	0.000 (1.52)	0.002** (2.61)	0.000 (1.24)
Mghold	-31.47 (-1.65)	18.89 (0.08)	-3.096 (-0.50)	1.176 (1.31)	-6.852 (-1.15)	0.562 (0.47)
BN	0.007 (0.33)	-0.004 (-0.06)	-0.013 (-1.82)	0.002* (2.04)	0.014* (2.12)	0.002 (1.29)
Growth	0.225** (3.02)	-0.129 (-0.07)	0.048* (1.97)	-0.001 (-0.18)	-0.045 (-1.93)	0.003 (0.72)
Roa	-3.573*** (-4.21)	2.115 (0.08)	1.374*** (4.94)	0.109 (1.46)	1.171*** (4.40)	0.289* (2.37)
Lev	0.226 (0.88)	-0.137 (-0.08)	0.744*** (8.88)	-0.0412 (-1.11)	-0.149 (-1.85)	0.008 (0.60)
Audit	-0.746** (-3.09)	0.438 (0.08)	-0.074 (-0.94)	0.0112 (0.93)	0.469*** (6.19)	0.028 (0.76)
Dual	0.000 (0.03)		0.062 (1.62)		-0.063 (-1.64)	
Indep	0.024 (0.03)		0.484* (1.98)		-0.171 (-0.70)	

续表

	1	2	3	4	5	6
	ATran	Insura	STran	Insura	Disc	Insura
Year	控制	控制	控制	控制	控制	控制
Ind	控制	控制	控制	控制	控制	控制
_cons	3.906*** (4.02)	-2.320 (-0.08)	3.499*** (10.95)	-0.218 (-1.38)	-1.202*** (-3.92)	-0.004 (-0.04)
N	5511	5511	5511	5511	5511	5511
Adj_R^2	0.039	0.038	0.381	0.341	0.176	0.342
P	0.0000	0.0000	0.0000	0.0000	0.0000	0.0000

注：括号内为 t 值；*、**、*** 分别表示在 10%、5% 和 1% 水平上显著。列 2、4、6 中的 Trans、LagTrans 分别表示 ATran、STran、Disc 三个维度透明度的本期和滞后一期的数值。

从表 5-6 的结果可以看出，机构投资者的持股比例对公司信息透明度有显著为正的作用；信息透明度较高的公司会吸引更多的机构投资者进行投资，但是这种关系并不显著。且由列 6 可知，当采用公司治理透明度作为解释变量时，Disc 的系数为负。由此可以明确机构投资者与公司信息透明度之间的因果关系。这也证明了监督学派观点，即机构投资者专业能力强，其持股比例大因而对管理层的影响能力强；且由于机构投资者投资持股比例大，相对于散户来说，更有动机去收集信息和监督管理层，以达到长期价值最大化目标，而不仅仅只是为了迎合短期盈利目标，因此稳定型的机构投资者会对其所投资的公司进行监管。当然，表 5-6 仅报告了机构投资者持有无限售流通 A 股比例（Insura）的结果，当采用机构投资者持有 A 股比例（Insa）时得到的结论基本一致。

5.5 本章小结

随着机构投资者与公司治理关系研究的兴起，机构投资者是否有助于改善公司信息透明度也是现在研究的热点话题之一。本章以2002~2014年为研究区间，以深市 A 股非金融行业上市公司为研究对象，对机构投资者与公司信息透明度之间关系进行了研究。虽然学术界对公司信息透明度的含义尚无定论，但其所涵盖的内容大致有较为一致的认识，基于此，本章选择会计信息透明度、股价信息透明度、公司治理透明度三个维度来衡量公司信息透明度。研究发现，对于三个维度的信息透明度，机构投资者持股比例均表现出显著正的促进作用。进一步，为了理顺两者的因果关系，同时为了控制可能出现的内生性问题，又构建了联立方程组，采用两阶段回归的方法进行拟合，进一步理顺了机构投资者与公司信息透明度的因果关系，更加证实了机构投资者持股比例对公司信息透明度显著正的促进作用。

本章研究存在的不足：影响公司透明度的因素很多，如何控制如管理者自利动机等因素还需进一步研究。虽然心理学理论认为，动机决定行为，行为导致结果的产生和目标的实现。自利的管理者基于自身利益最大化的决策可能会影响透明度，但目前缺乏有效的度量指标来分析管理者的自利动机等因素。虽然有学者尝试用并购重组活动来分析，但可能会存在较大偏差。因此，希望在后续研究中对此展开研究。

本章的研究结论主要支持机构投资者在中国资本市场中的"积极作用"——增加了上市公司的信息透明度。目前国内关于机构投资者的相关研究结论并不一致，从机构投资者发挥监督作用的观点来看，机构投资者由于持股比例较大，因此有能力和动机去搜集信息并监督管理层，通过监督管理层来保证管理层的投资策略与长期价值最大化的目标一致，与中小投资者相比，机构投资者可以获取更大的利益。基于"理性经济人"的考虑，他们会发挥积极监督作用。然而，机构投资者也有可能是消极的短期机会主义者，机构投资者进行多元化投资的目的可能仅仅是降低风险保持流动性；无助于公司透明度的提高。由于公司信息透明度并不是单维度的，而是多维度的，因此，如何通过有效的机制设计和制度建设使机构投资者在谋求自身利益最大化的同时，调动其积极性，抑制其投机性，充分发挥参与公司治理、保护中小股东利益的"外部性"是监管部门的重要任务。

公司综合信息透明度的
经济效果研究

Chapter 6

第6章 信息透明度与资本结构动态调整

信息质量和市场流动性均会影响企业资本结构动态调整。基于 2010~2014 年深交所上市公司为样本，研究了分层信息质量、市场流动性与资本结构动态调整的关系。研究发现，信息披露质量、市场流动性均与资本结构动态调整速度显著正相关；并将信息质量分为高、低两组进一步研究，结果表明信息披露质量越高，市场流动性对企业资本结构调整速度的正向作用会越强。

6.1 引　　言

后金融危机时代，虽然全球经济处于复苏当中，但经济下行压力很大，尤其是 2015 年 6 月以来资本市场震荡不断。2015 年 10 月 24 日，央行在年内进行了第三次"双降"，主要还是为了释放流动性，降低实体经济融资成本。随着宽松货币政策的实施，企业资本结构必然也会发生调整。资本结构调整是从微观角度对企业行为进行研究的热点话题。众所周知，企业目标是实现企业价值最大化，但是由于受到税收、代理成本以及财务风险等多种因素的影响，其资本结构会对企业价值产生影响，合理的资本结构能够为企业创造更多的价值。在当前货币宽松的大环境下，企业会按照自己的融资偏好选择一个最佳资本结构。然而，由于受到复杂多变的内外部环境的影响，企业的资本结构并非一直可以保持最佳状态，故必须不断调整资本结构才能够促使公司目标的实现。

企业在选择合理的资本结构时会受到多种不同因素的综合影响，而信息质量和市场流动性是研究资本结构调整不可忽略的重要因素。首先，信息披露作为联系资本市场的枢纽，从微观层面对企业的融资决策产生影响。为维护资本市场秩序和保证资源配置效率，证券监管部门已经相继颁布了许多相关法律法规来规范企业信息披露，提高信息质量。但近年来越来越多的企业是因为迎合监管的规定才对外披露

第6章 信息透明度与资本结构动态调整

企业内部的信息，或者为了能够顺利进行股票发行以及顺利通过业绩考核等选择性披露，影响企业整体信息披露质量。就理论而言，提高信息披露质量可以缓解信息不对称问题，使企业以较低的融资成本进行融资，减少企业调整资本结构产生的成本，加快企业向目标资本结构调整的速度。其次，市场流动性作为衡量市场运行效率的重要指标，是影响企业权益融资的微观因素，同样与企业融资行为存在密切的关系。"股改"顺利完成后，我国资本市场逐渐面临新的生机与挑战，增强股票市场流动性是提高资本市场资源配置效率的关键。市场流动性能够反映证券市场中的信息不对称程度以及交易成本，影响企业资本结构调整的成本，改变企业向目标状态调整的速度。

随着互联网金融的发展以及央行宽松货币政策的实施，企业资本结构必然会发生改变。在企业资本结构调整过程中，信息披露质量、市场流动性对此有何影响，如何影响企业资本结构的调整。这都是理论和实务界关注的问题。因此，本章将基于动态资本结构理论，分别研究信息披露质量与市场流动性对企业动态资本结构调整速度产生何种影响，以及市场流动性对资本结构动态调整的影响是否会因企业的信息质量不同而产生差异。一方面，本章的研究有助于企业构建动态资本结构调整机制，从而能够灵活应对复杂的内外部环境，对动态资本结构的调整机制实施科学有效的管理；另一方面，还有助于保证证券市场"公开、公平、公正"原则，有利于形成一个良好的投融资环境。

本章可能的贡献在于：首先，以往关于信息披露质量与资本结构的研究主要是以静态权衡理论为基础，而本章则是基于动态权衡理论基础的分析，这实际上更符合企业资本结构调整情况，因为任何一个企业的资本结构不可能是静态不变的，尤其是外部信息环境、市场流动性等发生变化后，企业资本结构就会面临动态调整的问题；其次，本章更侧重于分层信息质量的分析，主要依据于深交所信息披露考评结果对信息质量分层划分，为本章研究提供了有利契机，具体是将上市公司样本按照信息披露质量的高低分成两组,探讨了分层信息质量条件下,市场流动性对企业动态资本结构调整产生影响的差异。

6.2 文献综述

6.2.1 信息透明度与企业资本结构

就研究领域而言,这隶属于信息披露效果方面的研究(Verrecchia,2001)。Fama 和 French(2002)从理论上针对市场信息的不对称性对资本结构的影响进行了分析,他们认为信息不对称性对企业的资本结构产生至关重要的影响,甚至可能是唯一会对资本结构产生影响的因素。信息披露对证券市场的顺利发展显得尤为重要,多年来一直是学者们关注的焦点。Healy 和 Palepu(2001)将企业对外披露信息产生的经济后果分为三种类型:一是提高了股票流动性;二是降低了公司的资本成本;三是加强了信息使用者对信息披露的关注度。大量的国外文献都认为,企业提高其信息披露质量有助于减轻证券市场中存在的信息不对称程度,从而使其外部融资成本减少(Diamond and Verrecchia,1991;Botosan,1997)。

Easley 和 Hara(2004)通过构建一个合理的模型,研究信息披露对企业的资本结构造成的影响。研究结果发现,股票中包含的私人信息越多,投资者们对其要求的回报也就越高。原因在于,拥有较多信息的人更便于根据新信息改变投资决策,而将不知情者处于劣势。在达到均衡的过程中,信息披露的数目多少还有信息披露的质量高低都会对资本成本的大小产生影响。Hogan 和 Hutson(2005)对爱尔兰软件公司的资本结构进行考察,这些公司都引进了新技术,发现这些软件公司的资本结构有悖于优序融资理论,大多数公司都是进行股权融资,而极少进行债权融资。这些公司的创始人对此做出解释,他们企业内部的信息，或者为了能够顺利进行股票发行以及顺利通过业绩考核等选择性披露，影响企业整体信息披露质量。就理论而言，提高信息披露质量可以缓解信息不对称问题，使企业以较低的融资成本进行融资，减少企业调整资本结构产生的成本，加快企业向目标资本结构调整的速度。其次，市场流动性作为衡量市场运行效率的重要指标，是影响企业权益融资的微观因素，同样与企业融资行为存在密切的关系。"股改"顺利完成后，我国资本市场逐渐面临新的生机与挑战，增强股票市场流动性是提高资本市场资源配置效率的关键。市场流动性能够反映证券市场中的信息不对称程度以及交易成本，影响企业资本结构调整的成本，改变企业向目标状态调整的速度。

随着互联网金融的发展以及央行宽松货币政策的实施，企业资本结构必然会发生改变。在企业资本结构调整过程中，信息披露质量、市场流动性对此有何影响，如何影响企业资本结构的调整。这都是理论和实务界关注的问题。因此，本章将基于动态资本结构理论，分别研究信息披露质量与市场流动性对企业动态资本结构调整速度产生何种影响，以及市场流动性对资本结构动态调整的影响是否会因企业的信息质量不同而产生差异。一方面，本章的研究有助于企业构建动态资本结构调整机制，从而能够灵活应对复杂的内外部环境，对动态资本结构的调整机制实施科学有效的管理；另一方面，还有助于保证证券市场"公开、公平、公正"原则，有利于形成一个良好的投融资环境。

本章可能的贡献在于：首先，以往关于信息披露质量与资本结构的研究主要是以静态权衡理论为基础，而本章则是基于动态权衡理论基础的分析，这实际上更符合企业资本结构调整情况，因为任何一个企业的资本结构不可能是静态不变的，尤其是外部信息环境、市场流动性等发生变化后，企业资本结构就会面临动态调整的问题；其次，本章更侧重于分层信息质量的分析，主要依据于深交所信息披露考评结果对信息质量分层划分，为本章研究提供了有利契机，具体是将上市公司样本按照信息披露质量的高低分成两组,探讨了分层信息质量条件下,市场流动性对企业动态资本结构调整产生影响的差异。

6.2 文献综述

6.2.1 信息透明度与企业资本结构

就研究领域而言,这隶属于信息披露效果方面的研究(Verrecchia,2001)。Fama 和 French(2002)从理论上针对市场信息的不对称性对资本结构的影响进行了分析,他们认为信息不对称性对企业的资本结构产生至关重要的影响,甚至可能是唯一会对资本结构产生影响的因素。信息披露对证券市场的顺利发展显得尤为重要,多年来一直是学者们关注的焦点。Healy 和 Palepu(2001)将企业对外披露信息产生的经济后果分为三种类型:一是提高了股票流动性;二是降低了公司的资本成本;三是加强了信息使用者对信息披露的关注度。大量的国外文献都认为,企业提高其信息披露质量有助于减轻证券市场中存在的信息不对称程度,从而使其外部融资成本减少(Diamond and Verrecchia,1991;Botosan,1997)。

Easley 和 Hara(2004)通过构建一个合理的模型,研究信息披露对企业的资本结构造成的影响。研究结果发现,股票中包含的私人信息越多,投资者们对其要求的回报也就越高。原因在于,拥有较多信息的人更便于根据新信息改变投资决策,而将不知情者处于劣势。在达到均衡的过程中,信息披露的数目多少还有信息披露的质量高低都会对资本成本的大小产生影响。Hogan 和 Hutson(2005)对爱尔兰软件公司的资本结构进行考察,这些公司都引进了新技术,发现这些软件公司的资本结构有悖于优序融资理论,大多数公司都是进行股权融资,而极少进行债权融资。这些公司的创始人对此做出解释,他们认为债券市场中的信息不对称程度问题比较严重,并且利用债务避税得到的利益较少而产生的经营风险却相当高,但是股票的发行却能够向市场传递积极的信号。Bharath 等(2009)研究结论同 Fama 和 French(2002)的结论刚好相反,他们认为虽然信息不对称对企业资本结构的影响至关重要,但影响企业资本结构的因素并不是只有这一个。Almazan 等(2002)认为信息不对称程度不仅受到企业信息披露质量的影响,还会受到该企业所在国家整体信息披露监管环境的影响。Aggarwal 等(2009)以信息不对称理论以及委托代理理论作为理论基础,同时选择分析师预测和内幕交易法施行这两个指标来衡量信息披露质量,实证结果显示信息披露质量对企业的资本结构产生显著为负的影响,意味着企业的信息披露水平越高,其资本结构就会越低。Chen 等(2010)以前者的研究结论为基础,采用家族企业作为考察对象,更细致地研究了信息披露质量对企业的融资决策产生的影响,研究认为在较高信息披露水平的条件下,企业负债的期限越长,杠杆率越低。

国内关于信息披露质量对企业资本结构的影响的研究文献并不多,主要是在信息披露质量对企业股权融资成本的影响方面进行研究。汪炜和蒋高峰(2004)以沪市上市公司作为研究对象,对信息披露质量与企业的股权融资成本之间的关系进行了实证检验。实证结果发现信息披露质量对企业的股权融资成本产生显著为负的影响,也就是说,企业的信息披露质量越高,其股权融资成本越低。高大为等(2004)从盈余信息披露的角度研究了盈余管理与资本结构的关系,研究结果认为两者呈负相关关系。然而信息披露质量的评判是监管机构按照某些具体的原则对企业对外公布的信息做出总体评价,而盈余质量与信息披露质量明显有差异,因此它无法替代信息披露质量。黄娟娟和肖珉(2006)认为信息披露质量对企业的权益资本成本影响明显为负。同时,曾颖和陆正飞(2006)以深交所 A 股上市公司作为考察对象,得出的结论与黄娟娟和肖珉(2006)的一致。但是,吴文锋等（2007）的研究结论却与之不同，他们认为信息披露水平的提高并不能够使股权融资成本减少，这是因为信息披露水平尚且没有被我国的投资者视作衡量企业价值、进一步决定其投资决策的因素，以至于提高信息披露水平既不能够增强股票市场流动性，又无法降低筹资风险，从而不能降低股权资本成本。徐红燕和朱彤（2012）以2002～2010年深圳证券交易所A股上市公司为考察对象，实证分析了信息披露质量对企业资本结构的影响，结果认为具有较高信息披露质量的企业，其资本结构较低。此外，行业的不同也会对两者的关系产生显著的影响。因此，信息披露质量对企业资本结构的影响，特别是对动态资本结构调整的影响有待进一步探讨。

6.2.2 市场流动性与资本结构

股票市场流动性对企业资本结构产生影响，且有以下两种途径：一种途径是从企业融资决策的两大重要影响因素——发行股票的成本以及股票的收益率入手，研究股票市场流动性对企业资产定价产生的影响。Amihud和Mendelson（1986）提出流动性溢价理论，通过实证检验，发现公司股票市场流动性越强，投资者所需要负担的交易成本越小，他们会降低自己的必要收益率，因而企业的权益资本成本也随之减少，企业在进行外部融资时会更偏好于通过发行股票进行融资，从而降低了企业的资本结构。Chordia等（2001）实证检验了股票流动性对预期收益的影响，研究结论认为买卖价差以及换手率都对预期收益产生负面影响，随着股票流动性的增强，预期收益会逐渐减少。Weston等（2002）实证分析了股票市场流动性对投资银行收取的发行费用产生的影响，结果发现股票市场流动性越强，投资银行收取的承销费用越少，并且新股发行时间也会越短。因此，企业可以选择在较强的股票流动性条件下发行新股，以减少企业的股权融资成本。另一种途径是直接从流动性着手，通过构建恰当的流动性衡量指标来分析其对企业资本结构的影响。Brennan 等（1996）对投资者进行分类，并且首次将交易成本拆分成固定成本、可变成本，研究结论表明流动性对企业资本结构产生负向影响。Lipson 和 Mortal（2007）以有效价差和买卖价差衡量流动性，Prasit 等（2011）采用弱流动性（Amihud）指标、修正的换手率及修正的 Amivest 流动性比率等三种流动性替代指标进行实证研究，他们的研究均发现增强股票市场流动性能够使企业的股权融资成本减少。说明当股票流动性变强时，由于投资者的预期收益降低导致股权融资成本下降，公司更倾向于股权融资，导致公司负债水平下降。

随着我国证券市场的迅速发展，我国的学者也纷纷开始从证券市场的微观层次研究影响企业资本结构的各种因素，但是将市场流动性作为影响资本结构因素的研究文献并不太多。冯玉梅（2006）采用计量的方法实证分析了股票流动性和股价波动性对企业资本结构产生的影响，结果发现：股票流动性较强的企业，其资产负债率较低；股价波动越厉害，企业越难以进行股权融资。顾乃康和陈辉（2009）通过选取适当的衡量股票流动性的指标，分析股票市场流动性究竟会对企业融资决策产生何种影响，研究发现股票市场流动性对企业的财务杠杆产生的影响显著为负，说明市场流动性较强的企业更偏好于通过发行股票进行融资。

上述文献是国内外学者针对市场流动性与企业静态资本结构的关系进行的实证分析，而对于市场流动性与企业动态资本结构调整关系的研究却鲜有涉及，目前国内只存在两篇与之相关的研究文献。陈辉等（2010）首次研究了股票流动性对企业动态资本结构调整的影响，回归分析表明股票流动性的增强能够加快企业进行动态资本结构调整的速度，同时还发现该影响主要通过证券市场的摩擦即往下调整来完成，并且往下调整资本结构的速度比往上（银行市场的摩擦）调整资本结构的速度要慢一些。徐晟等（2012）采用面板数据回归等方法研究了股票流动性对公司静态资本结构和动态资本结构的影响，静态分析结果发现流动性与公司的杠杆率显著负相关，动态分析结果发现流动性水平与资本结构的调整速度显著正相关。

6.2.3 企业资本结构动态调整

外国学者们对动态资本结构调整的研究起步比国内早一些，相关文献包括：Fischer 等（1989）建立了资本结构动态决策模型，发现只要企业在进行融资决策时产生调整成本，就会使实际资本结构与目标资本结构相偏离，因此必须不停地调整资本结构以达到最优状态。Rajan 和 Zingales（1995）在资本结构的静态模型中加入了时间序列，形成一个具有多个期间的模型，旨在说明企业的目标资本结构会在一定范围内发生变化。Leary 和 Roberts（2005）认为证券市场中存在信息不对称，并且证券市场的环境是复杂多变的，使企业会不断地调整其自身的资本结构，这是由于企业存在调整资本结构的成本从而会选择不断地进行资本结构优化。因此，一些学者开始研究企业自身实际的资本结构对偏离企业目标资本结构的影响。Flannery 和 Rangan（2006）构建出一个合理的调整模型，实证研究认为企业具有一个长期最优杠杆率，而企业将自身实际的资本结构向最优目标资本结构进行调整的速度快慢是由调整成本的大小决定的。但是，我国在该领域的研究相当有限，这可能是因为我国在资本结构动态模型的构建和估计方面目前存在一定的困难（王皓和赵俊，2004）。

随着计量经济学的发展以及处理动态面板数据技术的提高，企业动态调整资本结构的行为又一次备受关注，研究文献也越来越多。从国外已有文献来看，学者主要围绕着资本结构的调整速度进行研究，一些文献还从目标资本结构偏离度来考察动态资本结构决策。Banerjee 等（2000）最早利用动态调整速度决定模型对企业的资本结构进行研究，他们运用部分调整模型以及面板数据处理方法，实证研究了经济发达地区的企业有关资本结构动态调整的行为。此后学界尝试利

第 6 章 信息透明度与资本结构动态调整

用不同的样本从多个方面深入探讨企业动态调整其资本结构的行为。后来,有关动态权衡理论的研究越来越多,逐渐成为主流(Flannery and Hankins,2007)。企业自身实际的资本结构偏离于企业目标的资本结构主要是受到各种内在和外在因素的干扰。企业特征对资本结构产生重要的影响。企业的财务风险会对企业动态调整资本结构的速度以及企业自身实际的资本结构偏离其目标的资本结构的程度产生影响,财务风险较大的企业在调整资本结构时速度相比更快(Titman and Tsyplakov,2007)。由于企业融资成本及行为的变化,企业资本结构处于不断动态调整过程中,宏观经济情况也会在一定程度上影响企业的资本结构调整,Cook 和 Tang(2010)的研究结构认为,宏观经济情况也会在一定程度上影响企业的资本结构调整。还有一些学者认为经济周期同样能够影响企业进行资本结构动态调整(Levy and Hennessy,2007)。经济制度因素对企业动态调整资本结构的速度产生显著影响,倘若企业能够遵循宏观制度,并结合企业特征制定恰当的方案,就会减少资本结构的调整成本,加快资本结构调整速度(Oztekin and Flannery,2012)。

随着我国经济的发展,我国企业也开始关注优化资本结构来降低融资成本。公司目标资本结构由于受到宏观制度、外部经济环境以及证券市场发展程度的影响,因此并非固定不变的,而是在一定范围内波动(原毅军和孙晓华,2006),此外,经济周期、产品市场竞争程度也会影响企业调整其资本结构的速度,并且产品市场中存在的竞争程度越大,企业进行调整资本结构的速度就越快(姜付秀等,2008;苏冬蔚和曾海舰,2009)。市场化程度的提高不仅能够加快企业调整其资本结构速度,而且可以降低企业自身实际的资本结构偏离其目标资本结构的程度(姜付秀和黄继承,2011)。黄继承等则探讨了法律环境对资本结构动态调整的影响(黄继承等,2014),此外,资本结构还受到公司基本特征和管理者行为的影响(龚朴和张兆芹,2014)。顾乃康等则运用蒙特卡洛模拟方法对动态资本结构估计方法进行了优化研究（顾乃康等，2013）。国内有关动态调整资本结构的研究目前比较落后，基本上都是引用国外构建的模型，来研究我国企业的目标资本结构和企业动态调整资本结构的速度。陆正飞和辛宇（1998）以及冯根福等（2000）认为，企业规模、成长性等财务指标对企业资本结构的影响不显著，这看起来似乎与有关企业资本结构理论的结论并不符合，但学者们认为，这是由于企业的目标资本结构不同于企业自身实际的资本结构，因此我们需要引入动态调整模型。企业特征因素会影响企业动态调整资本结构的速度，如企业的规模、企业的盈利能力等都会对企业调整资本结构的行为产生正向作用，并且企业实际的资本结构偏离目标水平的幅度也会加速企业调整其资本结构（童勇，2006）。王正位等（2007）研究了证券市场摩擦程度对企业动态调整其资本结构产生的影响。另外，孔爱国和薛光煜（2005）研究了我国沪深股市 A 股上市公司对其自身资本结构进行调整的能力。苏冬蔚和曾海舰（2009）实证分析了经济周期对企业进行资本结构的动态调整的影响，结果表明两者之间是负相关关系。姜付秀和黄继承（2011）从资本结构的调整速度和实际的资本结构偏离目标资本结构的程度两个方面，研究了市场化程度和其变化是如何影响企业进行资本结构动态调整的。他们的研究结果表明：市场化程度的提高不仅能够加快企业调整其资本结构速度，而且可以降低企业自身实际的资本结构偏离其目标资本结构的程度。

随着研究视角的不断扩展，除了市场化进程、法律视角外，公司信息披露质量和股票市场流动性也会影响到资本结构，信息不对称性对企业的资本结构产生至关重要的影响（Fama and French，2002）。虽然信息不对称对企业资本结构的影响至关重要（Bharath et al.，2009），但是影响企业资本结构的因素有很多。Easley 和 O'Hara 发现股票中包含的私人信息越多，投资者们对其要求的回报也就越高（Easley and O'Hara，2004）。原因在于，拥有较多信息的人更便于根据新信息改变投资决策，而将不知情者处于劣势。在达到均衡的过程中，信息披露的数目及信息披露的质量都会对资本成本产生影响。Chen 等（2014）以前者的研究结论为基础，采用家族企业作为考察对象，更细致地研究了信息披露质量对企业融资决策产生的影响，认为较高信息披露水平的条件下，企业负债的期限越长，且杠杆率越低。随着信息披露质量的提高，企业股权融资成本也会降低（汪炜和蒋高峰，2004；黄娟娟和肖珉，2006；曾颖和陆正飞，2006），即信息披露质量对企业的权益资本成本影响明显为负，并且会计信息质量越高，其资本结构越合理（邹萍，2014）。与此相反，吴文锋等认为信息披露水平的提高并不能够降低股权融资成本，因为信息披露质量尚未被我国投资者视为衡量企业价值、决定其投资决策的因素，以至于提高信息质量既不能够增强股票市场流动性，又无法降低筹资风险，从而不能降低股权资本成本（吴文锋等，2007）。

市场流动性对企业资本结构影响的途径有两种：一种途径是从企业融资决策的两大重要影响因素——发行股票的成本以及股票的收益率入手，研究股票市场流动性对企业资产定价产生的影响。Amihud 和 Mendelson 发现公司股票市场流动性越强，投资者所需要负担的交易成本越小，他们会降低自己的必要收益率，因而企业的权益资本成本也随之减少，企业在进行外部融资时会更偏好于通过发行股票进行融资，从而降低了企业的资本结构（Amihud & Mendelson，1986）。Weston 等发现股票市场流动性越强，投资银行收取的承销费用越少，并且新股发行时间也会越短（Weston et al.，2002）。因此，企业可以选择在较强的股票流动性条件下发行新股，以减少企业的股权融资成本。另一种是直接从流动性着手，通过构建恰当的流动性衡量指标来分析其对企业资本结构的影响，如以有效价差和买卖价差（Lipson & Mortal，2007）、弱流动性（Amivest）指标（Prasit et al，2011）等流动性替代指标进行的研究，发现增强股票市场流动性能够使得企业的股权融资成本减少。说明当股票流动性变强时，由于投资者的预期收益降低导致股权融资成本下降，所以公司更倾向于股权融资，导致公司负债水平下降。

近年来，我国学者也开始从市场微观层次研究影响企业资本结构的各种因素，但是将市场流动性作为影响资本结构因素的研究文献并不太多。顾乃康和陈辉（2009）通过选取适当的衡量股票流动性的指标，分析股票市场流动性究竟会对企业融资决策产生何种影响，研究发现股票市场流动性对企业的财务杠杆产生的影响显著为负，说明市场流动性较强的企业更偏好于通过发行股票进行融资。陈辉等（2010）首次研究了股票流动性对企业动态资本结构调整的影响，回归分析表明股票流动性的增强能够加快企业进行动态资本结构调整的速度。徐晟等（2012）采用面板数据回归等方法，研究发现流动性与公司的杠杆率显著负相关，动态分析结果发现流动性水平与资本结构的调整速度显著正相关。

本章结合我国的资本市场，将企业的分层信息质量视为信息不对称性的逆替代指标，纳入企业资本结构决策中加以考虑，探讨该因素对企业动态资本结构调整速度的作用，同时从市场流动性角度研究其对企业动态资本结构调整速度产生的影响。并按照信息质量分层考察市场流动性对资本结构动态调整速度影响的差异。

综上所述，与外国学者的研究相比较而言，我国学者关于动态资本结构的研究相对较晚。虽然涉及一些影响资本结构比较普遍的因素，如企业规模、盈利能力、成长能力等，但选取的衡量指标尚不够综合，我国的学者鲜有研究信息披露质量对资本结构动态调整的影响，缺乏有关这一方面的实证研究。已有文献大多研究了股票市场流动性、静态资本结构以及动态资本结构，但并未达成共识。对市场流动性而言，部分学者认为股票市场流动性对静态资本结构及动态资本结构调整会产生一定的作用，并结合实际进行了一定的探讨分析，研究结果证明股票市场流动性的确与企业的静态资本结构及其动态资本结构的调整有关。虽然国内外文献既涉及信息披露质量对企业资本结构的影响，也涉及股票市场流动性对企业资本结构的影响，但并没有文献将信息披露水平与市场流动性结合起来，同时研究两者对企业资本结构动态调整产生的作用。

6.3 理论分析与假说发展

权衡理论指出，一般情况下企业具有目标资本结构，且目标资本结构的大小主要是由企业的破产成本、代理成本等产生的收益和发生的成本之间的均衡所决定的。Myers 和 Majluf（1984）提出，由于资本市场交易存在成本，企业实际的资本结构往往同目标资本结构之间存在着差距，而且杠杆的调整是有成本的。根据动态资本结构调整理论，企业在进行资本结构调整之前必然会权衡由此产生的收益（调整收益）以及引发的成本（调整成本），当前者高于后者时企业才会调整其资本结构（Fischer et al.，1989）。调整成本是企业进行资本结构调整时所支付的成本并且是一次性支付，包括股票发行时产生的费用和折价、股票回购时支付的手续费、由于股票受到价格冲击造成的溢价损失以及债券发行和债券赎回时产生的成本费用；而调整收益则是企业不进行资本结构调整时产生的价值减损（Flannery and Rangan，2006）。企业受到的外部冲击会对调整收益产生影响，当企业受到较大的外部冲击时，其资本结构越偏离最优状态，资本结构的调整收益就越高。这时，企业调整资本结构的成本越低，企业得到的调整收益越是有可能高于发生的调整成本，加快企业进行资本结构的调整。因此，企业调整其资本结构的速度取决于其调整成本，较低的调整成本会加快资本结构的调整速度。

6.3.1 信息披露质量对企业调整其资本结构速度的影响

资本市场中投融资之间存在的信息不对称是产生交易成本的重要

原因，而信息质量的改善能够降低信息不对称程度。从风险—报酬的角度来看，投资者更偏爱于投资较高信息披露水平的公司，而避免投资较低信息披露质量的公司，或者选择投资较低信息披露水平的企业但以较高的投资回报率为条件。当企业的信息披露水平较高时，资本市场中的信息不对称程度较低，那么承销商因逆向选择问题需要负担的存货成本以及交易成本就会较少，承销费用也会随之减少，调整成本越少，调整速度就会越快（黄辉，2009）。因此，信息披露质量较高公司可以通过缓解资本市场中存在的信息不对称问题，以相对较低的融资成本获取外部资金，从而加快资本结构的动态调整。因而提出第一个假说：

H1：上市公司信息披露质量越高，则其向目标资本结构调整的速度越快。即企业的信息披露水平对资本结构调整速度的影响显著为正。

6.3.2 市场流动性对企业调整其资本结构速度的影响

权益调整成本主要包括交易成本、溢价风险等，是调整成本的重要组成部分。由于我国的法律保护不足以及银行的"信贷歧视"等原因，我国的债务融资环境差，许多企业更倾向于股权融资，从而使权益调整成本的变动对企业调整其资本结构的速度造成更加突出的影响。伴随着流动性的上升，资本结构调整速度显著加快（邹萍，2015），交易成本的大小与信息不对称程度的高低紧密相关，由于我国资本市场的复杂化以及金融产品的多样化，交易活动中面临非常严峻的信息不对称压力，而提高市场流动性有助于缓解这一压力，有助于交易成本的减少，从而加快企业调整资本结构的速度。首先，市场流动性对调整成本的影响表现在市场流动性会对权益资本成本产生影响。权益发行成本主要包含股票发行费用和SEO折价。市场流动性的提高会缓解信息不对称压力，从而减少承销商因逆向选择问题引起的存货成本以及交易成本，因此承销费用会减少，使发行费用也减少（顾乃康和陈辉，2010）。同时，提高市场流动性也会使 SEO 折价降低（Corwin，2003）。其次，市场流动性通过影响回购成本来进一步对调整成本产生作用。当市场流动性增强时，企业在回购股票时承担的交易成本越低，并且受到的价格冲击也越小，因此企业更乐意进行股票回购（Banerjee et al.，2007）。基于以上分析，增强市场流动性会使企业的权益发行成本和回购成本降低，进而减少其调整成本，促进企业更迅速地进行资本结构调整。提出第二个假说：

H2：上市公司股票市场流动性越强，则其向目标资本结构动态调整的速度就越快。即市场流动性对企业调整其资本结构速度的影响显著为正。

6.3.3 信息披露水平不同对市场流动性与资本结构动态调整关系的影响

从以上理论分析可以看出，信息披露质量与市场流动性都会对企业的资本结构调整速度产生作用，然而，信息披露质量又会进一步对市场流动性与企业的资本结构调整两者之间的关系产生影响。一方面，根据信号传递理论，当企业的信息披露水平提高时，会相应地向资本市场传递较好的信息，减轻企业自身与投资者之间存在的信息不对称程度，减少投资者的交易成本，吸引更多投资者购买信息披露质量水平较高企业发行的股票，进而提高了股票市场流动性。信息披露水平的提高能够增强股票市场流动性（Welker，1995；蔡传里和许家林，2010）。根据前面的理论分析，市场流动性的增强可以减少企业的调整成本，进而促使企业调整其资本结构的速度加快。因此，由于信息披露质量提高会增加市场流动性，资本结构动态调整速度也将大幅度提升，即信息披露质量越高，市场流动性对企业调整其资本结构的速度产生的影响越为敏感。另一方面，根据信息不对称理论，若企业的信息披露水平不高，资本市场中存在的信息不对称程度较高，即使市场流动性高，由于信息不对称问题的存在引发投资方产生逆向选择行为，导致交易成本上升，从而阻碍企业对其资本结构及时作出调整，也就意味着信息披露水平低时，市场流动性对企业调整资本结构的速度产生的正向影响没那么明显。提出第三个假说：

H3a：当其他条件一定时，信息披露水平越高，市场流动性对资本结构动态调整速度的影响越大。

H3b：流动性越好的企业其反映信息质量的速度可能越快，有理由预计不同流动性的企业不同的信息质量与资本结构调整速度显著相关。

6.4 研究设计

6.4.1 样本及数据

以 2010~2014 年深交所 A 股非金融类上市公司为样本进行研究。为了满足需要，采用下列标准筛选：（1）剔除了金融类上市公司；（2）剔除 ST、PT 的公司；（3）有深交所信息披露考评结果的公司。因而得到 3120 个样本观测值。数据来源：（1）信息披露考评等级结果从深交所网站获取；（2）其他财务数据从 CCER 和 RESSET 数据库获取。对连续变量 1% 和 99% 分位数进行缩尾（Winsorize）处理，以消除极端值造成的不良影响。

6.4.2 变量及模型

（1）被解释变量。

借鉴以往研究成果，本章拟采用两种方法来衡量资本结构：（1）总资产负债率,即长短期负债总和/资产总额(姜付秀等,2008)。许多学者在采用这种方法衡量资本结构时做了改进,利用市场价值来计算企业资本结构,资产总额的市场价值是用负债总额加上所有者权益的市场价值(黄辉,2009;陈辉,2010),而市场价值是对未来企业价值进行预期,因此更接近企业的实际价值,故本章选用这种市值法来度量企业的资本结构。(2)有息负债总额/资产总额(姜付秀和黄继承,2011;邹萍,2015)。

(2)解释变量。

第一,分层信息质量测度。借鉴曾颖和陆正飞(2006)测度信息披露质量的方法,手工搜集了深交所公布的"信息披露考评"结果,利用信息披露考评结果来衡量我国企业的分层信息质量DT。深交所遵循"及时、准确、完整、合法"等原则,每年对上市公司当年对外披露企业信息的情况进行综合考评,并且将考评结果一共划分为A(优秀)、B(良好)、C(合格)、D(不合格)四个等级。本章引入二元变量DT,当考核结果为A时,DT=1,否则DT=0。

第二,市场流动性度量。借鉴Amihud(2002)、梁丽珍和孔东民(2008)的方法,采用Amihud测度(ILLIQ)作为衡量市场流动性的指标,计算方法如下:

$$ILLIQ_{it} = 1/D_{it} \times \sum_{t=1}^{D_{it}} \frac{|R_{itd}|}{VOLD_{it}} \times 10^9 \qquad (6-1)$$

其中,R_{itd}指的是上市公司股票i在第t个月内第d天的日收益率,$VOLD_{itd}$是上市公司股票i在第t个月内第d天的日交易金额,D_{it}为t月份的交易天数。从计算公式来看,弱流动性指标衡量的是股价波动对成交金额的敏感程度,当成交量一样时,如果市场流动性程度较高,交易价格的稳定性也较好;反之,如果市场性流动性程度较低,交易价格就不稳定。因此,ILLIQ的数值越大,则说明股票市场流动性越低;数值越小,市场流动性越高。为便于理解,用LIQ重新定义市场流动性:令LIQ=-ILLIQ,此时当LIQ的数值较大时,市场流动性较强。

借鉴现有研究成果,在选择控制变量时主要考虑了以下几种因素:公司规模(Size)、盈利能力(ROA)、有形资产(Tang)、非债务税盾(NDTS)、成长机会(Tobinq)、内部融资能力(CFO)、股权性质(State)。具体变量定义如表6-1所示。

表 6-1　　　　　　　　　变量定义及描述

	变量	变量定义
被解释变量	Lev1	负债总额/(负债总额+流通股市值+非流通股股数×每股净资产)
	Lev2	有息负债总额/(负债总额+流通股市值+非流通股股数×每股净资产),其中,有息负债=短期贷款+应付票据+一年内到期的非流动负债+应付短期债券+长期借款+应付债券
解释变量	DT	信息披露质量,深交所信息披露考核评级:如果考评结果为A,则DT=1;否则DT=0
	LIQ	市场流动性,Amihud指标(ILLIQ):先将当月所有交易日的日收益率绝对值与日成交金额的比值加总,再除以当月交易天数。LIQ=-ILLIQ
控制变量	Size	资产总额的自然对数
	ROA	息税前利润/资产总额
	Tang	(固定资产+存货)/资产总额
	NDTS	折旧总额/资产总额
	Tobinq	(年末流通市值+非流通股份占净资产的金额+长期负债合计+短期负债合计)/总资产
	CFO	经营活动现金流量/资产总额
	State	以最终实际控制人划分,国企取0,其他取1
	Year	若年度为t,则Year等于1,否则为0
	Ind	若企业类型属于i行业,则IND等于1,否则为0

(3) 模型构建。

第一,资本结构动态调整模型。采用 Flannery 和 Rangan (2006) 的方法来构建目标资本结构模型。

$$Lev_{i,t}^* = \alpha + \beta X_{i,t-1} + \varepsilon_{i,t} \qquad (6-2)$$

其中,$Lev_{i,t}^*$代表 i 企业第 t 年的目标资本结构;$X_{i,t-1}$是影响资本

第6章 信息透明度与资本结构动态调整

结构的因素向量,包括公司规模、盈利能力、有形资产、非债务税盾、成长机会、内部融资能力、股权性质、行业虚拟变量和年度虚拟变量等。

进一步利用部分调整模型来描述资本结构动态调整过程:

$$\text{Lev}_{i,t} - \text{Lev}_{i,t-1} = \delta(\text{Lev}_{i,t}^* - \text{Lev}_{i,t-1}) + \varepsilon_{i,t} \tag{6-3}$$

其中,$\text{Lev}_{i,t}$ 和 $\text{Lev}_{i,t-1}$ 分别代表 i 公司在 t 年和 t-1 年的资本结构,系数 δ 即资本结构调整速度,衡量实际资本结构调整与目标资本结构调整之间的比例。δ 值越大,表示企业调整资本结构的速度越快;反之,则表示企业调整资本结构的速度越慢。

基本的资本结构动态调整模型。将式(6-2)代入式(6-3)中:

$$\text{Lev}_{i,t} = (1-\delta)\text{Lev}_{i,t-1} + \delta\beta X_{i,t-1} + \varepsilon_{i,t} \tag{6-4}$$

其中,(1-δ)表示阻碍企业向目标资本结构方向调整的摩擦阻力,也就是调整成本,能够间接反映企业进行资本结构调整的速度。若(1-δ)越大,说明企业进行资本结构调整的速度越慢;若(1-δ)越小,说明企业进行资本结构调整的速度越快。

第二,本章实证检验模型。根据基本模型,为研究分层信息质量对资本结构动态调整的影响,把分层信息质量 DT 加入调整系数 δ 中,构建扩展的动态资本结构调整速度决定模型:

$$\begin{aligned}\text{Lev}_{i,t} = &(1-\delta)\text{Lev}_{i,t-1} + \gamma\text{DT}_{i,t-1} + \eta\text{DT}_{i,t-1} \times \text{Lev}_{i,t-1} \\ &+ \delta\beta X_{i,t-1} + \varepsilon_{i,t}\end{aligned} \tag{6-5}$$

这时,资本结构调整速度可表示为 $\delta' = \delta - \eta \times \text{DT}$,如果 η 的符号显著为正,就意味着提高企业的信息披露质量会降低其调整速度 δ′;如果 η 的符号显著为负,就意味着随着企业信息披露水平的提高,其调整速度 δ′ 会显著增加。

为检验市场流动性对企业调整资本结构的速度产生的影响,将市场流动性 LIQ 加入资本结构调整系数 δ 中:

$$\begin{aligned}\text{Lev}_{i,t} = &(1-\delta)\text{Lev}_{i,t-1} + \gamma\text{LIQ}_{i,t-1} + \eta\text{LIQ}_{i,t-1} \times \text{Lev}_{i,t-1} \\ &+ \delta\beta X_{i,t-1} + \varepsilon_{i,t}\end{aligned} \tag{6-6}$$

这时,资本结构的调整速度可表示为 $\delta' = \delta - \eta \times LIQ$,如果 η 的符号显著为正,就意味着增强股票市场流动性会降低企业的调整速度 δ';如果 η 的符号显著为负,就意味着随着股票市场流动性的增强,企业的调整速度 δ' 会显著增加。

进一步引入信息披露质量 DT、市场流动性 LIQ 和资本结构 Lev 的交乘项:

$$Lev_{i,t} = (1-\delta)Lev_{i,t-1} + \eta LIQ_{i,t-1} \times Lev_{i,t-1} + \gamma DT_{i,t-1}$$
$$\times LIQ_{i,t-1} \times Lev_{i,t-1} + \delta\beta X_{i,t-1} + \varepsilon_{i,t} \quad (6-7)$$

此时,资本结构的调整速度可表示为 $\delta' = \delta - LIQ(\eta + \gamma DT)$。如果 γ 为正,公司信息披露水平越高,市场流动性对资本结构调整速度影响越小;如果 γ 为负,公司信息披露水平高,市场流动性对企业调整资本结构调整速度影响越大。

6.5 实证结果与分析

6.5.1 描述性统计分析

表 6-2 列示了所有变量的描述性统计结果。

表 6-2　　　　　变量描述性统计分析

变量	均值	中位数	最大值	最小值	标准差
Lev1	0.4457	0.4467	0.8697	0.0474	0.2072
Lev2	0.4346	0.4355	0.8682	0.0436	0.2089
DT	0.1747	0	1	0	0.3798
LIQ	-0.1749	-0.1375	-0.0115	-0.7458	0.1411
Size	21.6644	21.4994	24.9478	19.5198	1.0919
ROA	0.0647	0.0584	0.2476	-0.0863	0.0525

第6章 信息透明度与资本结构动态调整

续表

变量	均值	中位数	最大值	最小值	标准差
Tang	0.4176	0.4082	0.8361	0.0513	0.1740
NDTS	0.1297	0.0927	0.5610	0.0020	0.1173
Tobinq	1.9758	1.5951	7.2298	0.9084	1.1166
CFO	0.0472	0.0446	0.2668	-0.1781	0.0790
State	0.5673	1	1	0	0.4955

由表6-2可知，首先，资本结构 Lev1 和 Lev2 的样本均值分别为44.57%和43.46%，表明样本企业的财务状况良好；其次，从市场流动性来看，表中数据显示了在样本期间上市公司的市场流动性均值、中位数分别为-0.1749和-0.1375，标准差（0.1411）较小，说明样本企业的市场流动性总体比较稳定；最后，从 DT 结果来看，有17.47%的公司综合考评结果为优秀。盈利能力的均值只有6.47%，样本企业的总体盈利水平较低；非债务税盾的均值达到12.97%，表明样本企业由固定资产折旧产生的抵税作用对企业具有一定的贡献性；内部融资能力的均值为0.0472，说明我国上市公司的内部资本不足，需要依赖外部融资的渠道来弥补资金缺口。

6.5.2 回归结果分析

（1）信息披露质量对资本结构动态调整速度的影响分析。

为了考察信息披露质量对企业调整资本结构的速度产生的作用，利用式（6-5）进行回归分析。根据 Hausman 检验结果，本章采用固定效应回归结果，分别采用两种方法度量资本结构的分析结果如表6-3所示。

表6-3 信息披露质量、市场流动性对资本结构动态调整的影响

	假设1的检验		假设2的检验	
	1 Lev1	2 Lev2	3 Lev1	4 Lev2
Constant	-0.1030*** (-2.95)	-0.0853** (-2.51)	-0.0787** (-2.04)	-0.1650*** (-2.13)
Lev	0.7861*** (76.21)	0.8659*** (65.01)	0.8470*** (32.93)	0.9609*** (12.76)
DT	0.0008 (0.20)	0.0010 (0.26)		
DT×Lev	-0.0205*** (-2.55)	-0.0325*** (-2.67)		
LIQ			0.0558*** (2.74)	0.6755*** (2.89)
LIQ×Lev			-0.1180*** (-2.48)	-0.2431*** (-2.12)
Size	0.0097*** (5.80)	0.0089*** (5.47)	0.0085*** (4.81)	0.1324*** (5.09)
ROA	-0.0765* (-1.77)	-0.0837** (-1.98)	-0.0917** (-2.17)	-0.0592*** (-3.42)
Tang	0.0122 (1.13)	0.0120 (1.11)	0.0164 (1.47)	0.1015 (1.34)
NDTS	-0.0432** (-2.06)	-0.0405* (-1.94)	-0.0448** (-2.08)	-0.1046** (-1.99)
Tobinq	-0.0075*** (-3.26)	-0.0076*** (-3.31)	-0.0067*** (-3.11)	-0.0521*** (-3.42)
CFO	-0.1110*** (-4.48)	-0.1610*** (-4.51)	-0.1060*** (-4.36)	-0.1461*** (-3.36)
State	-0.0029 (-0.85)	-0.0028 (-0.82)	-0.0038 (-1.09)	-0.0103 (-1.42)

续表

	假设1的检验		假设2的检验	
	1 Lev1	2 Lev2	3 Lev1	4 Lev2
Ind	控制	控制	控制	控制
Year	控制	控制	控制	控制
Adj. R^2	0.2680	0.2350	0.2143	0.2089
P	<0.000	<0.000	<0.000	<0.000

注：*、**、***分别表示在10%，5%，1%水平上显著，括号内为t值。解释变量Lev表示滞后一期。表中结果是在Stata中采用Firm-level clustered 控制组内相关性和用robust选项调整异方差后的结果。

由表6-3中第1、第2列结果可知，Lev1、Lev2与DT的交互项的系数 η 为分别为-0.0205和-0.0325，且均在1%水平上显著。由于 $\delta' = \delta - \eta \times DT$，系数 η 显著为负，表明信息披露质量DT与资本结构调整速度显著正相关，即上市公司信息披露质量越高，则其向目标资本结构调整的速度越快。验证了假说H1。该结论反映出较高信息披露水平的企业，能够以较小的融资成本取得资金，进而在调整成本相对较小的情况下，使企业能够将实际资本结构更迅速地调整至目标资本结构。原因在于企业的信息披露质量越高，面临的信息不对称压力越小，那么承销商因逆向选择问题产生的存货成本、搜寻成本和交易成本都比较小，承销费用也比较少，而这些都是企业调整资本结构时发生调整成本的重要来源，而调整成本从本质上决定了企业调整资本结构的速度，该成本越小，则企业调整资本结构的速度就越快。

（2）市场流动性对资本结构动态调整的影响分析。

为研究市场流动性对资本结构调整的影响，主要利用式（6-6）进行分析，根据Hausman检验结果，应该采用固定效应模型分析，结果如表6-3所示。

由结果可知，Lev1、Lev2与LIQ交互项的系数 η 分别为-0.1180和-0.2431，均在1%的水平上显著，这意味着市场流动性与企业资本结构动态调整速度的关系显著为正,说明随着股票市场流动性的提高,企业进行资本结构调整时发生的成本将有所下降,此时企业在向目标资本结构调整时遇到的阻碍较小,因此调整速度加快,验证了假说 H2。进一步证明提高市场流动性可以减少企业发行股票时产生的成本(包括发行费用和 SEO 折价)以及股票回购成本,间接地减小企业调整资本结构的成本,从而加速企业向资本结构的最优状态调整。从控制变量来看,公司规模依然与资本结构的关系显著为正,盈利能力、非债务税盾、成长机会和内部融资能力同资本结构的关系显著为负,可以看出绝大部分控制变量符号及显著性都与其他研究基本一致。

(3)信息披露质量对市场流动性与企业资本结构调整关系的影响。

为了检验信息披露水平对市场流动性与企业资本结构调整的关系究竟会产生何种影响。首先,对式(6-5)按照分层信息质量分组回归,其中考核结果是优秀的作为一组(高信息质量),其他考核结果作为一组(低信息质量)。根据 Hausman 检验结果,运用固定效应方法回归,结果如表 6-4 所示。

表 6-4 信息披露质量和市场流动性对资本结构动态调整交互影响

	高信息质量		低信息质量		全样本	
	1 Lev1	2 Lev2	3 Lev1	4 Lev2	5 Lev1	6 Lev2
Constant	-0.0280 (-0.29)	-0.1020 (-0.18)	-0.1060** (-2.18)	-0.1042** (-2.09)	-0.1230*** (-3.18)	-0.1390*** (-3.07)
Lev	0.8200*** (21.00)	0.7908*** (16.56)	0.8520*** (46.05)	1.529*** (36.09)	0.8530*** (58.21)	0.7605*** (47.11)
LIQ	0.1230** (2.03)	0.1312** (1.99)	0.0416* (1.84)	0.0690* (1.90)		
LIQ × Lev	-0.3500*** (-2.51)	-0.2353** (-2.42)	-0.0907* (-1.71)	-0.1049* (-1.69)	-0.0577* (-1.86)	-0.1058* (-1.89)

续表

	高信息质量		低信息质量		全样本	
	1 Lev1	2 Lev2	3 Lev1	4 Lev2	5 Lev1	6 Lev2
DT×LIQ×Lev					-0.0119* (-1.78)	-0.1020* (-1.65)
Size	0.0073* (1.69)	0.1034* (1.75)	0.0096*** (4.30)	0.0165*** (4.11)	0.0107*** (5.62)	0.9010*** (4.26)
ROA	-0.1730* (-1.93)	-0.1390* (-1.76)	-0.0568 (-1.14)	-1.608 (-0.31)	-0.0826* (-1.94)	-0.0127* (-1.89)
Tang	0.0294 (1.36)	0.1024 (1.23)	0.0173 (1.26)	0.1013 (0.98)	0.0130 (1.19)	0.2010 (1.23)
NDTS	-0.1050*** (-2.85)	-0.0164*** (-2.73)	-0.0452* (-1.81)	-0.002* (-1.92)	-0.0429** (-2.01)	-0.0428** (-2.09)
Tobinq	-0.0093*** (-2.54)	-0.0109*** (-2.41)	-0.0059*** (-2.36)	-0.0760*** (-2.56)	-0.0071*** (-3.13)	-0.0101*** (-2.63)
CFO	-0.0289 (-0.59)	-0.1089 (-1.06)	-0.1160*** (-4.11)	-0.1071*** (-3.78)	-0.1110*** (-4.49)	-0.1019*** (-3.92)
State	-0.0035 (-0.49)	-0.0102 (-0.44)	-0.0053 (-1.28)	-0.0104 (-1.00)	-0.0028 (-0.82)	-0.0108 (-0.75)
Ind	控制	控制	控制	控制	控制	控制
Year	控制	控制	控制	控制	控制	控制
adj. R^2	0.2943	0.2890	0.2341	0.2249	0.2061	0.2132
P	<0.000	<0.000	<0.000	<0.000	<0.000	<0.000

注：*、**、***分别表示在10%、5%、1%水平上显著，括号内为t值。解释变量Lev表示滞后一期。表中结果是在Stata中采用cluster控制组内相关性和用robust选项调整异方差后的结果。

表6-4结果显示，无论是信息披露水平较高的那组还是信息披露水平较低的那组，市场流动性LIQ与资本结构Lev1、Lev2的交乘项系数都显著为负，且系数的绝对值随着信息披露质量的提高而增大，这说明企业信息披露质量越高，股票市场流动性对企业调整资本

结构速度影响越大,假说 H3a 得以验证。从两组的显著性上来看,高信息质量组的市场流动性与资本结构交乘项系数显著性显然要高于低信息质量组,这表明信息披露质量越高,市场流动性对资本结构动态调整速度的正向影响越明显,该结果验证了假说 H3a。

从表 6-4 全样本的结果来看,市场流动性和资本结构的交乘项的系数分别为 -0.0577 和 -0.1058,系数为负数且显著,同时,信息披露质量、市场流动性及资本结构三者的交互项的系数分别为 -0.0119 和 -0.102,且在 10% 水平上显著,由于调整速度 $\delta' = \delta - LIQ(\eta + \gamma DT)$,$\eta$ 与 γ 均显著为负,说明企业的信息披露质量越高,市场流动性的增加将导致调整速度越快。该结果验证了假说 H3b。

6.6 本章小结

近年来,动态资本结构的研究已然是财务领域研究的一个热点,企业在做出资本结构决策时,信息质量及股票市场流动性都会对其产生重要作用。故本章结合我国的制度背景,主要从信息不对称理论和动态资本结构理论着手,以 2010~2014 年我国深市 A 股非金融类上市公司为研究样本,研究了分层信息质量、市场流动性与资本结构动态调整的关系。

研究发现:首先,信息披露质量对企业向目标资本结构调整的速度产生了正向影响,随着证券市场发展的日渐成熟,企业的信息质量渐渐被投资者纳入投资决策中,从而影响企业的资本结构。信息披露质量的提高能够降低市场的信息不对称程度,交易成本的减小使企业资本结构调整成本降低,有助于企业更快更有效地调整资本结构。其次,市场流动性越高,企业将原资本结构调整至最优状态的速度越快。随着股票市场流动性的提高,企业的权益发行成本和回购成本会降低,从而能够减少资本结构调整成本,促进企业更快地将实际资本

第6章　信息透明度与资本结构动态调整

结构向目标资本结构调整。最后，当信息披露水平较高时，市场流动性对企业调整资本结构的速度产生的正向影响将更为敏感。这说明信息披露质量的提高能够刺激市场流动性进一步增强，资本结构动态调整速度也将因此得到更大幅度的提升。这意味着，监管机构不仅要尽力消除阻碍市场流动性的不利因素，以加快企业的资本结构调整速度，还应当改善信息披露环境，双管齐下地优化资本结构的动态调整。

基于以上分析，在改善信息披露质量、提高市场流动性以及优化资本结构方面建议：

首先，对于企业自身而言，应该主动地改善其信息披露质量。外部融资是企业获取资金的重要来源，无论是债务融资还是股权融资，都需要企业积极主动地提高信息披露质量，增强信息透明度。信息披露质量具有信号传递的效用，企业只有改善自身的信息披露水平，才能向资本市场传递良好的信息，缓解市场的信息不对称压力，使企业更容易地获取资金。上市公司通过公布财务报告向市场公开地披露内部经营状况等信息是应尽的义务和责任，因此应确保财务报告中披露的信息是真实可靠的并且要及时披露，诱导投资参与者正确评估企业价值。此外，政府和相关监管机构应当加大对上市公司的考核程度，考核范围尽可能覆盖所有上市公司，为投资者提供更多的保护。并且金融监督管理相关机构还应增强违规披露信息的惩罚力度。

其次，企业应当重视股票市场流动性对企业资本结构决策产生的重要作用。企业自身要重视通过增强市场流动性，来减少交易成本，从而更快地将其资本结构调整至最优状态。证券监督管理相关机构应当使我国证券市场上监控市场流动性的体系更加完善。流动性可以使股票市场充满活力，较高的流动性水平能够保证我国证券市场健康快速地发展。

最后，建立优化资本结构的机制。除了从信息披露质量、市场流动性两个影响资本结构决策的因素着手之外，企业本身还应当建立优化其资本结构的机制。建议企业能够基于最大化公司价值以及减少调整成本的目的，树立动态管理资本结构的意识。依据公司的自身特点和行业的影响因素，选用合适的标准对资本结构的合理性加以判断；再进行经济预测之后，通过优化机制制定目标资本结构，并采取有效方法措施，随时调整优化资本结构。

  本章可能存在的不足是，资本结构越合理的企业，可能是越优秀的企业，从而更乐于提供优质的信息。资本结构越合理的企业，可能是越优秀的企业，从而吸引投资人的注意，进而流动性更好。因此，本章模型可能会存在内生性问题。未来研究可考虑控制内生性问题。

公司综合信息透明度的
经济效果研究
Chapter 7

第7章　信息透明度与债务融资成本

公司综合信息透明度的经济效果研究

随着经济的发展,高质量的信息披露将引导资源的合理流动与分配,提高资本市场的效率,会计信息透明度与企业融资成本越来越受到关注。本章以 2009~2012 年 A 股上市公司为研究样本,研究了会计信息透明度对债务成本的影响。结果表明,会计信息透明度能够显著降低债务成本。进一步按照规模分组研究后发现,公司规模比较大的公司,会计信息透明度对债务资本成本的影响比较小;而对于公司规模比较小的公司,结果十分显著。这可能是由于公司规模不同,投资者对其抵御风险能力的认知不同而导致的。稳健性分析表明研究结果依然成立。因此,提高我国证券市场会计信息透明度的整体水平,改善市场信息环境,能够显著降低债务资本成本。

7.1 引 言

2014 年 11 月 21 日,中国人民银行宣布下调金融机构人民币贷款和存款基准利率,利率调整的重点之一就是缓解企业融资成本高的突出问题,为经济持续健康发展提供中性适度的货币金融环境。目前企业经营比较困难,特别是融资难、融资贵问题非常突出,已成为中国实体经济发展和转型升级的一大羁绊①。另外,经济越发展,会计越重要。会计信息在市场资源配置方面发挥着越来越重要的作用,会计信息质量也受到越来越多的关注。作为会计信息质量主要表现之一的会计信息透明度与债务成本有什么关系?对此研究就显得很有必要。

纵览全球各国,上市公司为实现自身利益,会计盈余管理现象十分普遍,会计信息质量的很多方面都存在问题,及时性、完整性都得不到保障。在这种情况下,会计信息质量能否对债务成本产生影响,究竟是什么影响?随着这些年证券市场的监管不断强化,各项法规不

---

① 刘铮,李延霞,吴雨. 两年多来首度降息为哪般 [EB/OL]. http://news.xinhuanet.com/2014-11/21.

断完善，会计信息透明度也有所提高，那它的提高能否降低企业的债务成本？本章试图通过对这些问题的研究，一方面唤起上市公司重视，主动提高会计信息披露质量，提高其会计信息透明度；另一方面，也希望能够由此降低上市公司的债务资本成本，提高企业的价值。对此研究，不仅可以对债权人利益起到一定的保护作用，而且对维护市场的公平公正也有重要促进作用，进而可以提高资本市场效率，对提高市场资源配置率也具有重要的现实意义。

基于此，本章研究了上市公司会计信息透明度与债务资本成本的关系，并进一步把样本公司分为大规模和小规模公司，分别研究会计信息透明度对债务资本成本的影响。这在一定程度上丰富了会计信息透明度的理论研究，为构建规范的上市公司会计信息披露体系提供理论参考，为完善公司治理结构、规范资本市场信息披露机制提供理论和实证依据。

7.2 文献综述

现有文献关于会计信息披露与资本成本的研究相对较多，如汪炜和蒋高峰（2004）、陆正飞和叶康涛（2004）、吴文锋等（2007）等。但着重于从会计信息透明度的角度来研究债务成本的则相对较少，这在某种程度上与我国尚未形成完善的债券市场体系有关，造成债务成本度量指标准确性欠佳，但学者们也未放弃对债务成本研究孜孜不倦的探索与追求。一般认为，当会计信息透明度较低时，外部投资者和债权人在对公司进行投资决策时就会面临信息不对称，在投资决策时会存在较高的不确定性，因而他们会对该风险索要一个较高的投资回报率，也就是风险溢价。

大多数研究认为会计信息披露水平越高，其资本成本越低。Welker（1995）研究发现公司信息披露水平越高，那么其权益资本成本中的信息不对称部分相对较小，可以降低信息不对称。并且研究还发现，公司的会计信息披露水平也对公司的债务资本成本有显著影响，公司会计信息披露质量越高，公司的债务资本成本也越低。Qi 等（2005）则认为，如果会计信息质量比较高，那么企业的会计信息不对称性就可以有效降低，并且，由于会计信息不对称性的降低，整个市场的不确定性也就得到了有效改善，这对于提高整个市场的流动性有明显作用，企业会计信息质量对债务资本成本的影响是通过提高流动性实现的。如果企业的会计信息质量比较高，那么它可以有效降低企业的知情交易者和不知情交易者之间的信息不对称性，增加市场深度，缩小报价和要价之间的跨度，进而提高流动性。并且，高质量的会计信息可以降低整个市场的信息不对称性，增加整个市场的信息性，降低企业资产价值的不确定性，这在一定程度上有利于提高市场的流动性。此外，在债券市场中，由于高质量的会计信息降低了企业外部的投资者和债权人对企业的不确定性，因而，也就降低了投资者和债权人的投资和搜寻成本，进而也就可以有效提高流动性。Botosan（1997）在对公司的债务资本成本进行度量时采用"基于会计价值公式"，他对机械行业的122家公司进行研究，并采用多元回归分析方法，研究会计信息披露质量与企业债务资本成本之间的关系。结果显示，公司的会计信息披露水平越高，那么公司的债务资本成本也就相应越低。于富生和张敏（2007）认为，公司的会计信息质量越高，那么公司的债务资本成本也就越低，反之则相反；此外，如果公司面临的市场风险越大，那么会计信息披露质量对债务资本成本的影响程度也就越大。张田儒（2013）研究发现，企业内部控制信息披露质量对企业的债务融资有显著影响，并且信息披露质量的提高可以有效降低企业的债务融资成本。李志军和王善平（2011）认为高质量的会计信息披露可以有效降低银行与企业之间的信息不对称程度，提高银行对于企业贷款的信任度，降低企业的债务资本成本，这在一定程度上也可以减轻企业债务融资受货币政策变动的影响。

Sengupta（1998）在研究会计信息披露质量对公司债务资本成本的影响时，以公司的债券到期收益率、总利息成本和公司债券的信用等级作为公司债务资本成本的替代变量，并且以公司债券规模和公司资产规模等作为控制变量进行研究，结果发现，公司的会计信息披露质量和公司的债务资本成本之间存在显著的负相关关系。Nikolaev 和 Lent（2005）根据 Sengupta 的模型进行研究，其数据是以美国 100 家上市公司的 358 个观测值为研究样本，而他们得出的结论是公司的会计信息披露质量与公司债务资本成本直接没有显著关系，他们认为这一结果是由于许多特定性因素和许多遗漏的重要变量等内生性偏误的存在所导致的。

由前述分析可知，虽然国外对于会计信息披露质量的研究较早也较成熟，国内研究相对欠缺，这主要是由于对公司会计信息透明度、债务成本衡量缺乏统一标准所致，并且各项考评结果也比较欠缺。而随着近些年财务造假事件的频发，会计信息透明度逐渐成为人们关注的焦点。但目前学术界较多采用深交所公布的上市公司的考评结果展开研究，使目前的研究多侧重于对深市公司的研究。基于此，本章借鉴 Bhattacharya 等（2003）的方法，用盈余激进度和盈余平滑度来衡量上市公司的会计信息透明度，研究其对债务成本的影响。

7.3 研究设计

7.3.1 样本选择

本章以 2009~2012 年沪深 A 股上市公司作为研究样本。数据主要来源于 RESSET 数据库和证监会网站，样本选择的标准为：（1）由于金融、保险行业经营业务和财务表现的特殊性，排除金融、保险行业的公司；（2）考虑到极端值的影响，剔除了业绩过差的 ST 公司，对数据进行了1%和99%分位数的winsorize处理,最后样本观测值4326个。

7.3.2 变量及模型

(1) 被解释变量。

由于目前市场上企业融资渠道多元化,其资金来源不能只靠借款,尤其是这两年债券市场的发展,债券成为公司融资较为快捷便利的方法之一,而企业的借款和债券都属于负债,因而,学术界研究债务成本时选用了利息支出占平均负债的比例,或利息支出加资本化利息占平均负债的比例。为了衡量的严谨性,借鉴以往的研究经验,本章也采用了此衡量方法,将其分为两类指标:第一类是利息支出占公司平均负债的比例;第二类是利息支出加资本化利息占公司平均负债的比例。

(2) 解释变量。

国外关于会计信息透明度的研究起步比较早,他们的研究已经比较成熟,而国内对于会计信息透明度的研究则刚刚起步,并且多是沿用国外已有的研究模式,目前来说主要有三种:一是直接根据一些权威机构的评估结果;二是研究者根据自己的具体需求而自建的一些综合性的评价指标;三是选取一些比较特殊的具有一定的代表性的替代变量作为反映会计信息透明度的一个替代变量。我国学者对会计信息透明度的衡量更多地选用深交所评级,但样本受限,因而本章将借鉴结合我国制度背景,运用Bhattacharya等(2003)的方法,选取盈余激进度、盈余平滑度来作为会计信息透明度的衡量指标,国内学者大多借鉴了这种方法来衡量会计透明度(如王艳艳和陈汉文,2006;沈艺峰和黄娟娟,2006;曾颖和陆正飞,2006;周中胜和陈汉文,2008)。

盈余激进度(EA)就是企业通过加快对收入的确认进度或者是放缓对损失的确认时间,最典型的就是对于应计利润和应计损失的确认,这些可以直接影响企业的利润,直接导致企业利润的增加,这就不符合会计信息质量的真实可靠性。并且企业的盈余激进度越大,说明企业管理层为了掩盖其实际的经营成果,利用这些应计项目对财务报表进行粉饰,这就直接导致企业会计信息质量下降,会计信息透明度降低。因此,EA 越大则公司的会计信息透明度也就越低。其具体的计算公式如下:

$$EA = (公司当年的净利润 - 公司当年的经营活动现金净流量)/公司当年年初的总资产 \qquad (7-1)$$

盈余平滑度(ES)主要是衡量上市公司收益波动偏离正常水平的程度。ES 越大说明公司管理层为了能够对外公布公司经营状况稳定的情况,就越有可能隐藏实际业绩的波动,因而基本的业绩波动就可能被盈余平滑度模糊了,会计信息透明度也就越低。本章借鉴了 Bhattacharya 等(2003)的研究,通过经营活动现金净流量波动程度与公司利润波动程度来衡量盈余平滑度。ES 越大,则公司的会计信息的透明程度就越低。其具体的计算公式如下:

$$ES = 公司在(t-3,t)期间内经营活动现金净流量与当年年初总资产之比的标准差/公司在(t-3,t)期间内净利润与当年年初总资产之比的标准差 \qquad (7-2)$$

其中,t 表示第 t 年度。

尽管上述两个指标可以直观地从某一角度判断会计信息透明度,然而将两者结合起来考虑更具综合性,因此选用总指标 TRANS 来作为会计信息透明度的衡量指标。由于数据的波动幅度不同,因而本章在构建总指标时对 EA 和 ES 进行百分位排序,进行趋同化处理,并且对这两个指标百分位排序后进行加权平均,这样就把两个影响会计信息透明度的指标因素统一到一个指标下进行测量。并且 TRANS 越大,说明公司的会计盈余越多,也就说明公司的会计信息透明度越低。TRANS 的具体计算如下:

$$TRANS_{it} = [P(EA_{it}) + P(ES_{it})]/2 \qquad (7-3)$$

即通过对 EA,ES 的百分位排序结果的算术平均计算得到,下标

i、t 表示 i 公司第 t 年的值。

（3）控制变量。

如果公司规模越大、盈利能力越好、固定资产比例越高、息税前利润越高，那么这样的公司往往更容易被投资者接受，投资者对其的评价预期也比较好，相对来说就会索取较低的债务资本成本。而如果公司负债率比较高或正处于成长期则其可能面临较多的经营风险，投资者相对来说就会索取较高的回报，其债务资本成本也就相对较高。因此，选择了公司规模、盈利能力、资产负债率、固定资产率、利息保障倍数、公司成长性、权益乘数等，同时控制行业和年度。具体变量定义如表 7-1 所示。

表 7-1　　　　　　　　　　变量定义

	变量名称	符号	变量定义与计算
被解释变量	债务成本	Debt1	利息支出/平均负债和
		Debt2	（利息支出+资本化利息支出）/平均负债总和
解释变量	会计信息透明度	Trans	EA=（公司当年的净利润-公司当年的经营活动现金净流量）/公司当年年初的总资产。ES=公司在（t-3, t）期间内经营活动现金净流量与当年年初总资产之比的标准差/公司在（t-3, t）期间内净利润与当年年初总资产之比的标准差。$Trans_{it}=[P(EA_{it})+P(ES_{it})]/2$。
控制变量	公司规模	Size	资产的自然对数
	盈利能力	Roa	总资产收益率
	资产负债率	Lev	平均负债总额/平均资产总额
	固定资产率	Fix	固定资产/总资产
	利息保障倍数	IEV	（净利润+所得税+财务费用）/财务费用
	公司成长性	Growth	用当年对前一年的主营业务收入增长率表示
	权益乘数	EM	平均资产总额/平均股东权益总额
	行业哑变量	Ind	行业哑变量
	年份哑变量	Year	年份哑变量

(4) 模型的建立。

借鉴于富生和张敏 (2007) 研究的做法, 并结合本章的研究内容, 研究会计信息透明度 TRANS 对公司债务资本成本的影响, 建立了如下模型:

$$COST_{i,t} = \beta_1 Trans_{i,t} + \beta_2 Size_{i,t} + \beta_3 Roa_{i,t} + \beta_4 Lev_{i,t} + \beta_5 Fix_{i,t} + \beta_6 IEV_{i,t} + \beta_7 Growth_{i,t} + \beta_8 EM_{i,t} + \sum IND_i + \sum YEAR + \varepsilon_{i,t}$$

(7-4)

其中, COST 的衡量主要是通过 Debt1 和 Debt2 来衡量, Debt1 就是公司利息支出占公司平均负债和的比例, Debt2 就是公司利息支出和资本化利息支出占公司平均负债和的比例。TRANS 通过会计盈余来衡量公司会计信息透明度, TRANS 越大则说明公司的会计信息透明度越低。

7.4 实证结果与分析

7.4.1 描述性统计分析

变量的描述性统计如表 7-2 所示。由表 7-2 可知, Trans 最小值为 11.5, 最大值为 92.5, 说明不同样本公司之间会计信息透明度有很大差距, 并且其均值为 54.6147, 中位数是 55, 其值越大, 说明会计信息透明度较低。债务成本 Debt1 和 Debt2 的均值分别为 0.024 和 0.0246, 中位数分别为 0.0247 和 0.0249, 最大值分别为 29.6% 和 39.67%, 这两个指标的波动性不大。从其他指标的标准差来看, IEV 和 Growth 的波动较大, 这可能是由于行业不同所造成的影响。

表7-2　　　　　　　　　描述性统计

变量	均值	标准差	中位数	最小值	最大值
Debt1	0.0240	0.0187	0.0247	0.0000	0.2960
Debt2	0.0246	0.0199	0.0249	0.0000	0.3967
Trans	54.6147	16.6915	55.0000	11.5000	92.5000
Size	22.0294	1.1391	21.8988	19.6531	25.5012
Roa	4.1028	4.2736	3.4881	-13.8960	21.1006
Lev	54.1263	16.6711	55.1443	7.4594	89.5602
Fix	27.1154	17.2981	24.5989	0.2366	76.4524
IEV	11.5992	24.0099	4.3845	-8.0258	242.6702
Growth	16.3264	28.2479	13.1653	-51.8421	158.5642
EM	2.5644	1.2185	2.2294	1.0806	9.5788

7.4.2 变量相关性分析

变量相关性检验结果如表7-3所示。由此可知，Pearson相关系数与Spearman相关系数的结果基本一致。可以发现，Trans与Debt1和Debt2的Pearson相关性系数分别为0.0269和0.0342，均在5%水平上显著，说明Trans与企业债务成本显著正相关，结果与我们的预期是一致的。根据前面的定义，Trans越大，说明会计信息透明度越低，则企业债务成本也就越高。Trans与Debt1和Debt2的Spearman秩相关性系数分别为0.0251和0.0296，至少在10%水平上显著，与Pearson相关系数类似。由于会计信息透明度总体相对不高，其债务成本就不可避免受到影响。因此，为了优化配置资源、降低企业债务成本，企业应提高会计信息透明度，降低企业融资成本，保护债权人利益。

第7章 信息透明度与债务融资成本

表7-3 变量相关性系数

	Trans	EA	ES	Debt1	Debt2	Size	Roa	Lev	Fix	IEV	Growth	EM
Trans	1	0.4846***	0.0364**	0.0269**	0.0342**	0.0744***	-0.0348**	0.0827***	-0.0618***	-0.0635***	-0.0274*	0.0743***
EA	0.4986***	1	0.0091	0.0980**	0.0865***	0.0301**	-0.1704***	0.0585***	-0.2276***	-0.0854***	-0.1369*	0.0248**
ES	0.0474**	0.3289	1	0.0172***	0.0167***	0.0309***	-0.0033	0.00696***	-0.0098***	-0.0002	-0.0071	0.0005***
Debt1	0.0251*	0.1792*	0.3231**	1	0.9855***	-0.0779***	-0.1228***	-0.0116	0.1615***	-0.2418***	-0.0224	-0.0208
Debt2	0.0296*	0.1769*	0.3235*	0.9953***	1	-0.0495***	-0.1198***	0.0002	0.1462***	-0.2353***	-0.0224	-0.0103
Size	0.0808***	0.0138**	0.1129***	-0.0611***	-0.0432***	1	-0.0719***	0.4217***	0.0514***	-0.0358***	-0.0021	0.3686***
Roa	-0.0550***	-0.1137***	-0.1658***	-0.1402***	-0.1395***	-0.0776***	1	-0.4038***	-0.1194***	0.3818***	0.2675***	-0.3548***
Lev	0.0843***	0.0274**	0.0590***	-0.0099	-0.0049	0.4304***	-0.4190***	1	-0.0028	-0.2544***	0.0230	0.8685***
Fix	-0.0725***	-0.2327***	-0.1295***	0.1844***	0.1773***	0.0146	-0.1201***	-0.0482***	1	-0.1786***	-0.0480***	-0.0353***
IEV	-0.0965***	-0.1276***	-0.2319***	-0.3587***	-0.3575***	-0.0772***	0.8359***	-0.4649***	-0.2695***	1	0.0697***	-0.1671***
Growth	-0.0410*	0.1543	-0.1315	-0.0463***	-0.0473***	-0.0055	0.3092***	-0.0003	-0.0539***	0.2297***	1	0.0239
EM	0.0844***	0.0274***	0.0590***	-0.0099	-0.0049	0.4304***	-0.4191***	1.0000***	-0.0482***	-0.4649***	-0.0003	1

注: ***、**、*分别表示在1%、5%、10%水平下显著。其中上三角为Pearson检验结果,下三角为Spearman检验结果。

同样可以发现，公司规模 Size 与 Debt1 和 Debt2 的 Pearson 相关系数分别为 -0.0779 和 -0.0495，均在 1% 的水平上显著，说明公司规模与企业债务成本负相关，也就是公司规模越大，相应的债务成本越低。这也符合一般预期，公司资产规模越大，公司抵御风险能力越强，偿债能力也就越强，所以债权人更愿意借钱给大公司，并且索要更低的债务成本。反之，对于公司规模较小公司，很容易受到市场波动的影响，其抗风险能力和偿债能力也就越差，在这种情况下，规模较小的公司就较难取得债务融资，即使取得索要承受的债务成本也较高。进一步，公司盈利能力 Roa 与 Debt1 和 Debt2 的 Pearson 相关系数分别为 -0.1228 和 -0.1198，在 1% 的水平上显著，说明公司盈利能力与公司债务成本负相关，公司固定资产率与债务成本的系数分别为 0.1615 和 0.1462，并且都在 1% 的水平上显著，说明公司的固定资产越多，公司的变现能力就越差，企业的债务成本也就越高。利息保障倍数 IEV 与债务成本 Debt1 和 Debt2 的相关性系数分别为 -0.2418 和 -0.2353，并都在 1% 的水平上显著，说明利息保障倍数高的公司其利润比较高，偿还债务及利息的能力就比较强，债务成本越低。公司资产负债率 Lev、成长性 Growth、权益乘数 EM 与 Debt1 和 Debt2 的相关性系数不显著。控制变量与 Debt1、Debt2 的 Spearman 秩相关系数与 Pearson 相关系数差别不大。

7.4.3 回归分析

运用构建的模型会计信息透明度与债务成本进行回归分析，结果如表 7-4 所示。

表 7-4 中模型 1 和模型 2 分别为因变量为 Debt1 和 Debt2 的最小二乘法回归结果，模型 3 和模型 4 分别为因变量为 Debt1 和 Debt2 的广义线性回归结果（主要运用 SAS PROC Mixed 程序），其中 -2LogL 为混合回归（Mixed）的拟合统计量。

第7章 信息透明度与债务融资成本

表7-4　　　　　会计信息透明度与债务成本回归结果

	1	2	3	4
Trans	0.4549 *** (0.0036)	0.5224 *** (0.0020)	0.4510 *** (0.0035)	0.5209 *** (0.0019)
Size	-2.1200 *** (<0.0001)	-1.7900 *** (<0.0001)	-2.120 *** (<0.0001)	-1.7901 *** (<0.0001)
Roa	-0.4713 (0.5212)	-0.3877 (0.6264)	-0.4695 (0.5100)	-0.4020 (0.6259)
Lev	-0.4586 (0.1715)	-0.5386 (0.1384)	-0.4612 (0.1721)	-0.5109 (0.1365)
Fix	1.4292 *** (<0.0001)	1.4748 *** (<0.0001)	1.4311 *** (<0.0001)	1.4704 *** (<0.0001)
IEV	-1.6209 *** (<0.0001)	-1.7136 *** (<0.0001)	-1.6021 *** (<0.0001)	-0.170 *** (<0.0001)
Growth	0.3888 *** (<0.0001)	0.3742 *** (0.0005)	0.3900 *** (<0.0001)	0.3707 *** (0.0005)
EM	4.7386 (0.2708)	4.8318 (0.3002)	4.7400 (0.2801)	4.8301 (0.3002)
行业	控制	控制	控制	控制
年度	控制	控制	控制	控制
F(-2LogL)	62.81	54.01	428.6	450.8
Adj_R^2	0.2876	0.2577		

注：***、**、*分别表示在1%、5%、10%水平下显著。括号内为P值。-2LogL为 PROC MIXED 模型回归拟合结果值。

由表7-4中模型1和模型2的结果可知，公司会计信息透明度 Trans 对债务资本成本 Debt1 和 Debt2 影响的回归系数均在1%的水平上显著为正，这说明 Trans 越大，会计信息透明度越低，债务成本越高。其他控制变量 Size、IEV 与债务成本均显著为负，而 Fix、Growth 与债务成本均显著为正，这与相关性分析结论基本一致，即公司规模越大、利息保障倍数越大，公司债务成本越低，固定资产比例越高、公司增长速度越大，公司债务成本越大。而 Roa、Lev 与 EM 与债务成本的相关性不显著。从表 7-4 中运用 SAS 中 PROC MIXED 程序进行广义线性回归的结果模型 3 和模型 4 来看，公司会计信息透明度 Trans 对债务资本成本影响的回归系数均在 1% 的水平上显著为正，与模型 1 和模型 2 的结果类似，进一步说明会计信息透明度越低，债务成本越高。其他控制变量与采用 OLS 回归结果基本一致。

由前述分析可知，公司规模对债务成本具有显著影响。因此，将样本按照公司规模分为大规模和小规模组，进一步分析不同规模下会计信息透明度对债务资本成本的影响。因为正常来说，银行等金融机构都更相信规模大的公司还款能力强。因此，规模大的公司也更容易融资，并且债权人索要的资本成本也会比较低。相反，对于规模小的公司，其经营的风险性往往会比较大，债权人就会索要较高的投资回报率，其债务成本就会比公司规模大的公司要高。并且对公司规模小的公司，投资人和债权人会更关注其经营的风险性，因而对其公司的经营状况，财务状况的关注度就会更高，即投资人对公司的会计信息透明度的要求就会更高。那么公司规模较小的公司与公司规模较大的公司之间会计信息透明度对债务资本的影响程度就应该会有所差别。基于此，对上市公司资产规模进行具体研究是有必要的。

根据资产规模的中位数把样本公司分为两组，把资产规模大于中位数的公司分为大规模公司组与小规模公司组。主要运用最小二乘法进行回归，结果如表 7-5 所示。

表 7-5　　　　　　　　按照规模分组后的回归结果

	大规模组		小规模组	
	1	2	3	4
Trans	0.1575 (0.4307)	0.2724 (0.2179)	0.7513*** (0.0018)	0.7613*** (0.0030)
Roa	-0.6498 (0.5133)	-0.8509 (0.4389)	-0.9494 (0.3797)	-0.7139 (0.5367)
Lev	-0.5576 (0.2282)	-0.8042 (0.1161)	-0.3560 (0.5206)	-0.2911 (0.6232)

续表

	大规模组		小规模组	
	1	2	3	4
Fix	1.5371*** (<0.0001)	1.6148*** (<0.0001)	1.2987*** (<0.0001)	1.3043*** (<0.0001)
IEV	-1.4289*** (<0.0001)	-1.5974*** (<0.0001)	-1.7878*** (<0.0001)	-1.8096*** (<0.0001)
Growth	0.0995 (0.4051)	0.0731 (0.5800)	0.7950*** (<0.0001)	0.8046*** (<0.0001)
EM	5.0219 (0.2991)	5.4504 (0.3083)	4.0563 (0.6625)	3.4400 (0.7292)
行业	控制	控制	控制	控制
年度	控制	控制	控制	控制
Adj_R^2	0.3797	0.3421	0.2402	0.2179
F	51.22	43.51	24.47	21.56

注：***、**、*分别表示在1%、5%、10%水平下显著。括号内为P值。

由表7-5可知，对于大规模公司组而言，会计信息透明度的回归系数不显著，仅在小规模公司组表现出较高的显著性。这一结果就说明公司规模足够大时，投资者也就给予了它足够多的信任，因而投资者愿意索要更少的成本，并且对于这类公司，投资者不会对它的会计信息透明度有过多的要求，对它们的审查也要简单很多，债务资本成本也就比较低。

相反，对小规模公司而言，债权人则需要关注其会计信息透明度，那么在小规模公司组的回归结果里，Trans值越大，会计信息透明度越低，其债务成本也就越高。这一结果说明，当公司规模比较小时，投资者对这类公司缺乏信任，解决它们之间冲突的有效途径就是通过会计信息披露，公司的会计信息透明度越高，说明这类公司往往它们的财务状况经营成果也就越好，那么公司外部的投资者就愿意索要较低的回报。相反，对小规模公司，债权人对还款能力持怀疑态度，而如果它们的会计信息透明度还比较低，那么债权人就不会愿意盲目地借钱给它，即使投资，也会索要一个高额的报酬。因而当公司规模比较小时，企业外部的投资者就更在意其会计信息透明度，那么企业自身也会根据自己的实际情况努力提高其会计信息透明度，以增强外部投资者的信任，进而可以降低企业的债务资本成本。

7.5 稳健性检验

为了保证研究结果的稳健性，本章进行了稳健性检验，主要采用了深交所考评结果来衡量会计信息透明度，检验其对债务成本的影响。由于深交所考评结果只能衡量深市主板上市公司，因而对样本进行了筛选，并且同样剔除了金融行业及 ST 公司。深交所的考评结果有四个等级分别为优秀、良好、及格、不及格。因此，如果考评结果为优秀则 Trans 等于 1，良好为 2，及格为 3，不及格为 4。如果 Trans 越大，则考评结果越差，也即会计信息透明度越低。回归结果如表 7-6 所示。

表 7-6　　　　　　　　稳健性回归结果

	1	2	3	4
Trans	5.8658 ** (0.0493)	7.4149 * (0.0682)	5.8701 ** (0.0493)	7.4101 * (0.0682)
Size	0.6396 (0.8909)	0.7523 (0.1409)	0.6410 (0.8909)	0.7520 (0.1409)
Roa	-2.9734 *** (0.0045)	-3.3584 *** (0.0034)	-3.0051 *** (0.0045)	-3.4020 *** (0.0034)
Lev	-0.7249 (0.1478)	-0.8241 (0.1329)	-0.7072 (0.1478)	-0.8021 (0.1329)
Fix	1.6780 *** (<0.0001)	1.7372 *** (<0.0001)	1.6812 *** (<0.0001)	1.7402 *** (<0.0001)
IEV	-0.7766 *** (<0.0001)	-0.8465 *** (<0.0001)	-0.7865 *** (<0.0001)	-0.8521 *** (<0.0001)

续表

	1	2	3	4
Growth	0.0493 (0.7458)	0.0572 (0.7311)	0.0487 (0.7458)	0.0621 (0.7311)
EM	4.0887 (0.3757)	2.6888 (0.5946)	4.0910 (0.3757)	2.6901 (0.5946)
行业	控制	控制	控制	控制
年度	控制	控制	控制	控制
F(-2LogL)	50	48.43	428.6	450.8
Adj_R^2	0.1751	0.1518		

注：***、**、* 分别表示在1%、5%、10%水平下显著，括号内为P值。-2LogL 为 PROC MIXED 模型回归拟合结果值。

表7-6中模型1和模型2分别为因变量为Debt1和Debt2的最小二乘法回归结果，模型3和模型4分别为因变量为Debt1和Debt2的广义线性回归结果（主要运用SAS PROC Mixed程序），其中-2LogL为混合回归（Mixed）的拟和统计量。由表7-6可知，会计信息透明度与回归系数仍然显著为正，即Trans越大，会计信息透明度越低，则债务成本也就应该越高。进一步说明本章研究结论是稳健的。

因此，会计信息透明度越高，上市公司越容易从外界以较低的成本获得债务资本。这是由于我国银行等金融机构发放贷款的条件较为严格，他们在对外放贷时，会对企业进行严格审核，会计信息透明度低的企业就比较难从这类机构中借到所需款项，造成融资难与融资成本高。

7.6 本章小结

本章以2009~2012年A股上市公司为样本，以利息支出/平均负债，（利息支出+资本化利息）/平均负债和来衡量企业债务成本，采用盈余激进度和盈余平滑度作为会计信息透明度的替代变量，检验了上市公司会计信息透明度对债务成本的影响。统计分析表明，虽然我国上市公司会计信息透明度不是很高，但会计信息透明度对企业债务成本的影响是显著的，并且，会计信息透明度越高的企业，其相对的债务成本也就越低。通过本章研究，上市公司要想降低其债务成本就应重视会计信息质量，增加会计信息透明度。

会计信息透明度的增加可以降低融资成本，提高资源配置效率。提高会计信息披露质量，不仅可以保护债权人利益，而且可以维护市场的政策秩序。因此，要充分提高会计信息优化资源配置的作用，上市公司不仅需要自愿披露、提高其会计信息披露质量，而且也需要国家制度层面的支持。

公司综合信息透明度的
经济效果研究
Chapter 8

第8章 基于透明度视角的治理机制有效性检验

流动性是资本市场的生命力所在，而信息透明度则是影响流动性的重要因素。本章利用高频交易数据，从买卖价差、市场深度、换手率等指标中运用主成分分析方法提取综合流动性水平来衡量市场流动性，运用公司透明度的两个维度：会计信息透明度和内部信息透明，研究了公司信息透明度对综合市场流动性的影响。研究发现，公司综合信息透明度能够显著提高市场流动性，其影响机制在于通过降低逆向选择成本中的信息成本和交易成本。这对提高市场质量具有理论和实践意义。

8.1 引　　言

资本市场作为现代金融的核心，推动着中国经济的持续快速增长。全流通背景下，以资本市场为核心构建的现代金融体系发挥着资源配置、分散风险和价格发现等功能，而这些功能的实现依赖于资本市场的流动性。股权分置改革就是要解决股票流动性问题，2006 年股权分置改革的完成标志着我国资本市场进入全流通时代。理论而言，与股权分置改革后前相比，全流通背景下市场流动性会更强，对此展开研究更具有现实意义。流动性是资本市场的生命力所在，也是资本市场价格发现和资源配置功能实现的重要保障。因此，一直以来，资本市场流动性都是实务界和学术界关注的热点议题。但由于流动性影响因素众多，并未完全找到提高市场流动性的切实措施。通览现有研究，鲜有从内因角度进行分析，尤其是对作为资本市场交易对象的企业内因研究较少。

而信息是资本市场健康有效运转的重要元素之一，真实有效的信息披露应该可以降低资本市场上的信息不对称，提高股票市场流动性水平，使证券价格更加公平公正地反映公司价值。Bushman 和 Smith（2001）分析了透明度对资本市场产生影响的渠道：一是信息透明可

第8章 基于透明度视角的治理机制有效性检验

以甄别投资项目;二是信息透明有助于处于外部的投资者区分内部管理者经营成果的优劣,使代理成本得以降低;三是信息透明有助于使信息与经济收益之间关联度增强,缓解信息不对称性,提升市场流动性,降低交易成本。因为资本市场上存在的信息不对称,一方面会导致投资者对公司投资机会和风险信息理解程度不够,很难正确评价企业投资机会,无法正确的投资,导致逆向选择发生,进而降低资源配置效率;另一方面,投资者为弥补与知情交易者交易可能带来的损失,往往会要求更高的资本报酬以实现"价格保护",从而导致公司资本成本的上升(陆颖丰,2006)。这两种结果都会导致市场质量降低。而信息披露恰好能起到信号传递的作用,有助于缓解信息不对称带来的不良影响。一方面,股票交易机制要求披露更多的交易信息,减少内幕交易,提高价格发现效率;另一方面,高质量的或有好消息的公司可以通过信息披露向市场传递其业绩优良的"信号",使其与那些较次公司区别开来,吸引投资者进行买卖交易,促进资本市场的流动,增加市场的流动性。

因此,信息透明度对资本市场的核心作用在于改善市场信息环境。而公司信息透明度包含公司财务与非财务信息的披露,理性投资者会依赖于信息决定资产投资组合,因此,公司透明度是维护资本市场有效运转的前提,也是市场质量提高的关键。证监会于2007年2月1日发布《上市公司信息披露管理办法》,旨在强化上市公司信息披露,保护投资者合法利益、提高上市公司质量、促进股市健康发展。上市公司层面信息的透明度包括有财务信息和非财务信息的透明,按披露方式可划分为强制信息披露和自愿信息披露。

随着机构投资者对市场流动性、波动性和有效性率等市场质量指标的关注日益增加,尤其是后金融危机时代,政策制定者和监管者呼吁提高财务报告质量和信息透明度,世界各国证券交易所都纷纷提高市场透明度,以期最大限度地吸引机构投资者参与,提高市场质量。在这样一个充满机遇与挑战的时代，我国公司综合透明度的改革究竟对市场质量有什么影响？是否有助于提高市场流动性，进而提高资源配置效率？这些不仅是投资者关心的议题，更是证券市场监管者和政策制定者关心的议题。因此很有必要对此展开研究。基于此，本章主要研究公司综合透明度对市场流动性的影响，并探索其影响机理。

8.2 文献综述与理论分析

8.2.1 文献综述

市场微观结构理论认为，低质量公司信息会加剧买卖双方信息不对称程度，降低流动性，且会引致道德风险和逆向选择，降低市场有效性，会严重阻碍流动性。甚至，由于市场上存在知情交易者和非知情交易者，拥有信息优势的知情交易者会引起市场逆向选择程度与流动性显著负相关，而更高质量的信息披露可以降低逆向选择程度，提高市场流动性（Glosten and Milgrom，1985；Kyle，1985），投资者能识别信息披露质量不同的公司，公司更高水平的信息披露可以降低信息不对称程度，进而降低资本成本（Leuz and Verrecchia，2000；张程睿和王华，2007）。

然而，关于信息披露与市场质量之间成本与权益的证据很有限（Leuz and Wysocki，2016）。虽然增加信息披露会提高市场流动性，但这主要因为知情交易者具有信息优势（Glosten and Milgrom，1985；Kyle，1985）。这有赖于对知情交易者掌握信息的一个推断，那么从公司基本面信息来看，较高的财务信息质量能否提升市场流动性水平呢？Verrecchia（2001）认为透明度的提高和财务报告质量的改进能够显著改善股票市场的流动性水平。Helfin 等（2007，2005）发现信息披露评级较高的公司有较低的有效价差，即较高的信息透明度和信息披露评级确实能提高市场质量。Cheung 等（2010）通过构建透明度指数，发现公司信息透明度和市场价值有显著正的关系，进一步发现市场价值仅与自愿披露指数相关。Ascioglu 等（2012）、Krishnamurti 等（2005）发现公司有动机增加自愿披露信息的水平，管理层的自愿披露对公司的流动性有积极的影响。Sharif 和 Lai（2015）也发现企业信息披露行为对公司业绩和公司杠杆负效应的积极影响。

  国内此方面的研究主要集中于对资本成本的影响，汪炜和蒋高峰（2004）、黄娟娟和肖珉（2006）、郑伟光等（2014）认为公司信息披露有助于降低权益资本成本，崔秀梅等（2016）发现碳信息披露水平可以降低权益资本成本，但上市公司披露内控缺陷会显著提高债务成本（王艺霖和王爱群，2014）。张程睿和王华（2006）在回顾分析公司透明度研究时，提及其与资本成本的研究，而孙士霞（2008）简要述评了信息披露与资本成本的研究。但这些研究在分析信息披露方面尚存不足，有的仅分析信息披露数量对资本成本的影响，对于信息披露质量并未提及，游家兴等（2007）表明提高透明度可以提高股票价格所反映出的公司特质信息含量。李翔和林树（2007）发现上市公司信息披露的幅度越大、频率越快，越有助于降低信息不对称水平。于李胜和王艳艳（2010）认为信息透明度能提高投资者的分类认知效率，帮助投资者解读所持股票信息，因此提高了市场效率。这意味着提高公司的透明度对于股票价格的信息效率和资本配置效率具有促进作用。就透明度对市场流动性而言，国内学者也做了卓有成效的研究，蒋祥林（2015）、胡淑娟和黄晓鸢（2014）、金春雨和张浩博（2016）分别从上市公司治理结构特征、外部机构投资者以及宏观货币政策等视角探讨了其对股票市场流动性的影响。就透明度研究而言，吴战篪等（2008）、蔡传里和许家林（2010）发现透明度提高可以增强股票的流动性，信息披露充分的公司，一是可以增加流动性，二是可以降低融资成本。陈千里（2007）表明信息披露通过缩小市场宽度来提高流动性，对市场深度的影响不显著。王春峰（2012）发现公司信息披露质量的变化也会引起股票流动性水平呈显著正相关关系，且受到公司信息质量内生性问题的微弱影响。张程睿和王华（2007）发现公司透明度分别与买卖价差和股票收益波动率显著负相关，表明我国投资者在关于股票价格和风险的交易决策时已经对不同透明度具有识别能力，高透明度的公司面临的信息成本和市场风险较低。

通览现有文献可知，目前研究还存在以下不足：一是对公司透明度研究过于笼统，没有做细致划分；二是缺乏对不同形式透明度与流动性关系的研究；三是公司透明度对市场流动性的影响机理及信息传导机制不明确。基于此，本章拟从会计透明度和股价信息透明度两个维度构建公司透明度，并基于高频交易数据构建综合流动性，来探索公司透明度与市场综合流动性之间的关系。

8.2.2 理论分析

学术界对公司信息披露透明度所产生经济后果的研究已有很多，但就公司信息披露对市场流动性研究还存在拓展空间。Pagano 和 Roell（1996）认为减少信息不对称、降低流动性交易者的交易成本可以提高市场的流动性，Chowdhry 和 Nanda（1991）认为信息披露减少其交易对手中知情交易者的比例，降低报价差，吸引更多的流动性交易者与之进行交易，提高市场的流动性。本章研究问题可归属于透明度对市场质量影响的范畴，公司透明度包括披露形式及披露方式等，这都属于公司信息环境。就形式而言，公司信息透明度包括有多个维度，Durnev 等（2009）将透明度划分为股价信息透明度、会计信息透明度、内部信息透明度和直接披露等；就披露方式而言，包括强制披露和非强制披露。根据 Bushman 等（2004）对公司信息透明度影响经济收益渠道的分析，公司信息透明度能够降低信息不对称性和流动性风险，提高市场流动性。为提高流动性，公司会采用充分披露的政策，以增加可为公众获取的信息。充分披露增加了为公众获取的信息从而增进了财务报告对投资者的有用性，减少信息不对称造成的逆向选择和道德风险，进而提高流动性。

8.3 研究设计

8.3.1 样本与数据

本章研究样本为 2007~2010 年沪深 A 股非金融类上市公司。筛选标准：剔除 ST 类的公司样本；剔除了数据缺失的公司。高频交易数据来自 CSMAR 数据库，其他财务数据来自 RESSET 数据库和 Wind 资讯终端，对所有连续变量 1% 和 99% 分位数进行 winsorize 处理。

8.3.2 变量选择及定义

（1）被解释变量。

被解释变量为市场流动性，市场流动性包含较多维度，如宽度、深度、弹性、即时性等（Kyle，1985）。文献中关于市场流动性的度量方法有很多，参考王春峰等（2012）的研究方法，本章拟基于高频交易数据，运用主成分分析法得到综合市场流动性，该指标能够更好地描述流动性水平。基于此，本章从买卖价差、市场深度和交易活跃程度三个方面选取指标（见表 8-1），运用主成分分析法获得我国股票市场的综合流动性水平（ComLiquidity）。为了保证各指标的量纲一致，将所选的指标都进行了标准化处理。

表 8-1　　　　　　　　　　流动性指标定义

分类	流动性指标	变量符号	计算方法
买卖价差	绝对价差	ASpread	$P_{ask} - P_{bid}$
	相对价差	RSpread	$P_{ask} - P_{bid}/P_M$
	有效价差	EffSpread	$\mid P_t - P_M \mid$
	相对有效价差	RESpread	$\mid P_t - P_M \mid /P_M$
市场深度	数量深度	Depth	$(Q_{ask} + Q_{bid})/2$
	金额深度	VDepth	$(Q_{ask} \times P_{ask} + Q_{bid} \times P_{bid})/2$
交易活跃度	换手率	Turnover	交易量与在外流通股本比值

注：P_{ask} 和 P_{bid} 分别表示每笔交易中的最优卖价和买价；$P_M = (P_{ask} + P_{bid})/2$，表示最优买卖报价的中点值，$Q_{ask}$ 和 Q_{bid} 分别表示在最优卖价和买价价位上委托的股票数量；P_t 表示实际每笔交易的成交价格。

（2）解释变量。

学术界对公司信息透明度至今还没有明确的定义，这在很大程度上取决于研究问题与研究目标，实务中所说的透明度含义比较宽泛且模糊。文献中并没有明确区分不同类型透明度。从名称上看，信息披露透明度、公司信息透明度与会计信息透明度经常混用。那么应该如何衡量公司综合信息透明度呢？Bushman 等（2004）认为公司信息透明度是公司特定信息被投资者接受的程度，具体包括财务信息透明度和内部治理透明度。其中，财务信息透明度是指财务信息能够被投资者理解、解读与扩散的程度。而内部治理透明度不仅取决于会计，还受到机构投资者、财务分析师和媒体参与的影响。由于概念界定的模糊，造成了现有研究对透明度衡量的多样化。现有研究对透明度的衡量采用了各种各样的方法。基于现有文献，立足我国的制度背景与市场环境，本章认为公司信息透明度至少应该包括两个维度：会计信息透明度、内部治理透明度。借鉴相关衡量方法，拟选择这两个方面的指标来衡量信息透明度，并通过主成分分析提取公司综合信息透明度（ComTranparency）。

第一个维度是会计信息透明度（ATran）。对会计信息透明度的衡量主要借鉴 Bhattacharya 等（2003）和 Francis 等（2004）的研究，国内学者大多借鉴了这种方法来衡量会计信息透明度，本章选择盈余激进度（EA）和收益平滑度（ES）这两个指标，EA 值越大说明公司具有越强的盈余激进动机，会计信息的透明度越低。收益平滑度 ES 描述的是上市公司收益波动偏离真实盈余波动的程度，是衡量账面盈余的平稳度与公司真实盈余之间关系的指标。对于收益平滑度的衡量，拟采用应计项目增加额与经营性现金流量增加额相关系数的绝对值作为盈余平滑度的替代变量。参考现有研究，将两者结合起来考虑更具综合性，本章采用十分位数赋值方法计算复合会计信息透明度（ATran），由于盈余激进度和收益平滑度均为逆向指标，为了分析上的方便，实际计算过程中将两者均乘以 -1（为避免混淆，符号不变），转换后 ATran 值越大，会计信息透明度越高[①]。

第二个维度是内部信息透明度（Insdt），采用基于交易量基础上的股票收益自相关性，它反映了与公司有关的内部信息透明程度，Llorente 等（2002）证明内部信息越不透明，越容易导致股票收益的自相关性。

（3）控制变量。

影响市场流动性的因素很多，包括资产种类和资产特征、资产的交易特征、市场结构、订单形式、市场集中程度和竞争。参考已有文献，选取日收盘价的平均值作为交易价格（Price）和交易量对数（TrdVolume）两个变量作为多元回归模型中的控制变量，同时还要分析信息透明度对市场流动性的影响机制，所以还控制了信息不对称指标，根据 Lin 等（1995）的方法计算出信息不对称指标（Asymmetry），还引入了行业虚拟变量和年度虚拟变量。

---

① 具体计算过程参考张肖飞（2014）中的计算方法。

8.3.3 模型构建

综合考虑对流动性影响的因素,并结合已有文献的研究,本章对信息披露质量与流动性的基本多元回归计量模型设定为:

$$ComLiquidity_{it} = \alpha_0 + \alpha_1 ComTransparency_{it-1} + \alpha_2 Asy_{it-1} + \alpha_3 Price_{it-1}$$
$$+ \alpha_4 TrdVolume_{it-1} + \sum \lambda Ind + \sum \eta Year + \varepsilon_{it}$$
$$(8-1)$$

由于相对买卖价差无法解释在价差之间的交易,而相对有效价差则克服了这一缺点,使其在度量流动性上较之相对买卖价差显得更优。因此,被解释变量除了采用综合流动性指标外,还根据高频数据计算的相对有效价差做了进一步分析。

公司综合信息透明度与信息不对称 Asy 的多元回归方程设定如下:

$$Asymmetry_{it} = \beta_0 + \beta_1 ComTransparency_{it-1} + \beta_3 Price_{it-1} + \beta_4 TrdVolume_{it-1}$$
$$+ \sum \lambda Ind + \sum \eta Year + \varepsilon_{it} \quad (8-2)$$

Asymmetry 表示的是信息成本在相对有效价差中所占的比例,进一步将相对有效价差分解成两个部分:一部分代表信息成本,另一部分代表交易成本(非信息成本)。通过对信息成本和交易成本的深入研究,以期解释信息披露对流动性影响的作用机制。具体如下:

$$RESpread_{ASC,i} = RESpread_i \times Asy, RESpread_{TC,i} = RESpread_i \times (1 - Asy)_{\circ}$$

由此,信息披露质量与相对有效价差成分的模型如下:

$$RESpread_{ASC,it/TC,it} = \gamma_0 + \gamma_1 ComTransparency_{it-1} + \gamma_3 Price_{it-1}$$
$$+ \gamma_4 TrdVolume_{it-1} + \sum \lambda Ind + \sum \eta Year + \varepsilon_{it}$$
$$(8-3)$$

8.4 实证结果与分析

8.4.1 单变量分析

(1) 变量描述性统计分析。

变量描述性统计结果如表8-2所示。由此可知,综合流动性(ComLiquidity)和相对有效价差(RESpread)的均值分别为1.023和1.244,中位数分别为0.75和1.105,从标准差来看波动不大;公司透明度(ComTransparency)的均值和中位数分别为2.599和3.0,信息不对称(Asymmetry)的均值和中位数分别为0.867和0.844,股票价格(Price)和交易量(TrdVolume)也基本类似,从整体来看,各个指标相对波动不大。

表8-2　　主要变量的描述性统计

变量名	均值	中位数	最大值	最小值	标准差
ComLiquidity	1.023	0.750	4.405	0.182	2.230
RESpread	1.244	1.105	3.148	0.417	0.488
ComTransparency	2.599	3.000	4.000	1.000	0.703
Asymmetry	0.867	0.844	2.032	0.230	0.305
Price	12.845	10.650	63.119	2.236	6.191
TrdVolume	18.708	18.506	21.321	15.894	1.209

(2) 变量间相关性分析。

表8-3给出了主要变量的相关系数。从表中结果可以看出,公司综合流动性、相对有效价差与公司透明度的Pearson相关系数分别为0.063和0.056,至少在10%的水平上显著,与预期基本一致。信息不对称与流动性指标的符号均显著为负,与预期基本一致。

表 8-3　　　　　　　　　　变量相关系数

	ComLiquidity	RESpread	Asymmetry	ComTransparency	Price	TrdVolume
ComLiquidity	1	0.393 ***	-0.346 ***	0.066 *	0.237 ***	0.851 ***
RESpread	0.154 **	1	-0.644 ***	0.140 ***	-0.122 ***	-0.472 ***
Asymmetry	-0.085 *	-0.466 ***	1	-0.196 ***	-0.377 ***	-0.278 ***
ComTransparency	0.063 *	0.056 *	-0.307 ***	1	0.179 ***	0.0117
Price	0.148 ***	0.033	-0.428 ***	0.246 ***	1	0.166
TrdVolume	0.096 *	-0.446 ***	-0.246 ***	-0.067	-0.236 ***	1

注：***、**、* 分别表示在 1%、5% 和 10% 水平上显著相关。左下角为 Pearson 相关系数，右上角为 Spearman 秩相关系数。

8.4.2　回归分析

公司透明度与综合流动性的回归结果如表 8-4 所示。

表 8-4　　公司综合信息透明度与市场流动性回归结果

	1	2	3	4
	ComLiquidity	RESpread	ComLiquidity	RESpread
Intercept	0.157 *** (26.31)	0.959 *** (21.08)	-0.249 ** (-2.36)	0.231 *** (4.65)
ComTransparency	0.941 *** (5.00)	0.416 *** (2.76)	0.478 *** (3.83)	0.332 ** (2.73)
Asymmetry			-0.031 ** (-2.98)	-0.048 ** (-2.04)
Price	0.173 *** (10.48)	0.125 *** (7.66)	0.207 *** (5.72)	0.111 *** (2.85)
TrdVolume	3.838 *** (8.57)	2.751 *** (6.13)	0.361 ** (2.66)	0.289 *** (6.45)

续表

	1	2	3	4
	ComLiquidity	RESpread	ComLiquidity	RESpread
Ind	控制	控制	控制	控制
Year	控制	控制	控制	控制
AdjR^2	0.36	0.24	0.38	0.43
F 值	67.77	37.61	42.9	72.36

注：***、**、*分别表示在1%、5%和10%水平上显著。

由此可知，在不加入信息不对称指标的情况下，不管被解释变量是公司综合流动性还是相对有效价差，可以发现公司综合信息透明度的系数均在1%的水平上显著。这也就说明公司综合信息透明度显著地提高了市场流动性。当加入信息不对称指标后，可以发现ComTransparency的系数依然在1%的水平上是显著为正，信息不对称指标Asymmetry的系数则显著为负，这与理论预期也是一致的，信息不对称越高，则市场流动性越低。其他控制变量如平均股票价格、市场交易量均显著为正，这说明交易量越大，市场流动性越高，这与现有文献结果基本类似。

根据前面理论分析，为进一步探索提高公司综合信息透明度对市场流动性的影响机理，本章进一步分析了公司信息透明度对信息不对称指标的影响。Pagano 和 Roell（1996）、Chowdhry 和 Nanda（1991）认为信息披露可以降低信息不对称，提高市场的流动性。就理论而言，公司信息透明度的增加会伴随着信息不对称的下降，但根据微观结构理论的分析，随着信息透明度的提高，知情交易者可能会隐藏或拆分订单，避免私有信息被披露，这样高透明度的信息反而会导致信息不对称增加，基于此，表8-5列示了公司综合信息透明度与信息不对称的回归结果，同时根据对有效买卖价差的分解，利用模型（8-3）做了进一步分析，结果也列示在表8-5中。

表 8-5　公司综合信息透明度与信息不对称回归结果

	1	2	3
	Asymmetry	RESpread$_{ASC}$	RESpread$_{TC}$
Intercept	0.056 *** (3.69)	-8.037 ** (-2.94)	2.033 *** (4.66)
ComTransparency	-0.680 *** (-3.88)	-1.674 ** (-2.57)	-0.332 * (-1.87)
Price	-0.149 *** (-8.07)	1.370 *** (3.81)	0.196 ** (2.85)
TrdVolume	-0.329 *** (-6.74)	-4.008 *** (-4.02)	-1.384 *** (-6.96)
Ind	控制	控制	控制
Year	控制	控制	控制
AdjR^2	0.30	0.48	0.43
F 值	52.69	89.23	72.25

注：***、**、* 分别表示在1%、5%和10%水平上显著。

由表 8-5 可知，当被解释变量是信息不对称 Asymmetry 时，ComTRansparency 的系数显著为负，这说明公司综合信息透明度的提高确实能够降低信息不对称。进一步，通过 Lin 等（1995）信息模型将相对有效价差（RESpread）分解成信息成本（RESpread_ASC）和交易成本（RESpread_TC），对此做分析有助于深入地了解公司综合信息透明度作用于流动性水平的机制。从表 8-5 的结果来看，公司综合信息透明度不仅与信息成本显著负相关，而且也与交易成本显著负相关，这说明公司综合信息透明度不仅显著降低了信息成本，而且也降低了交易成本，这是提高市场流动性的根本所在。这明确了公司综合信息透明度对市场流动性影响的作用机理，有助于深入探索提高市场流动性的措施及机制，进而提高整体市场质量。

8.5 稳健性检验

为保证结果的稳健性，本章采用了另一种方法来对市场流动性指标进行衡量。本章主要采用 Amihud 的非流动性比率来衡量流动性，之所以选用这个指标是因为它的数据获得比较容易，国内外许多文献都把它作为衡量流动性的主要指标，如陈青和李子白（2008）。Amihud（2002）的非流动性比率（Illiquidity）如下：

$$\text{Illiquidity}_{it} = 1/D_{i,t} \times \sum_{t=1}^{D_{it}} \frac{|R_{itd}|}{DVOL_{itd}} \times 10^6 \qquad (8-4)$$

其中，R_{itd} 代表股票 i 在第 t 个月内的第 d 天的收益率，$DVOL_{itd}$ 为股票 i 在第 t 个月内的第 d 天的日交易金额，$D_{i,t}$ 为 t 月的交易天数。从 Amihud 的非流动性指标上可以看出，它衡量的是交易量对价格的冲击。流动性越大的股票，相同的交易量，价格所受的冲击便越小。因此，Illiquidity 越大市场流动性越低。当将 Illiquidity 作为被解释变量时，公司综合流动性与市场流动性的回归结果如表 8-6 所示。

由表 8-6 可知，公司综合信息透明度 ComTransparency 与 Illiquidity 呈现显著负相关，当加入信息不对称指标时，Asymmetry 的系数显著为正，而 ComTransparency 的系数仍然为负。这说明公司综合信息透明度使非流动性降低，反过来说就是市场流动性会提高，并且信息不对称越高，市场流动性越低，这与前面分析结果一致。因此，本章的结果是稳健的。

此外，本章进一步仅采用深交所样本，利用深交所信息披露考评结果做了稳健检验，结果与此类似。这说明本章研究结果是稳健的。

表 8-6　　综合信息透明度与 Illiquidity 回归结果

	1	2
Intercept	0.172*** (2.27)	0.393*** (2.72)
ComTransparency	-0.016*** (-3.89)	-0.083** (-2.12)
Asymmetry		10.332*** (4.17)
Price	0.025 (1.06)	0.021 (0.8)
TrdVolume	-0.825** (-2.55)	-0.765** (-2.19)
Ind	控制	控制
Year	控制	控制
Adj_R^2	0.1054	0.1873
F 值	28.41	28.64

注：***、**、* 分别表示在 1%、5% 和 10% 水平上显著。

8.6　本章小结

本章以沪深 A 股上市公司为样本，研究公司综合信息透明度对市场流动性的影响。研究表明，公司综合信息透明度越高，市场流动性越高，这主要由于公司综合信息透明度的增加使信息成本和交易成本下降，进而市场流动性增加。同时，稳健性分析结果表明，研究结果依然成立。这说明研究结果是稳健的。本章研究发现，我国证券市场的信息环境有了显著提高，随着证券监管逐步趋严，以及沪深交易所对信息披露监管加强，虽然从某种程度上来说，与成熟资本市场相比仍有不小的差距，但毫无疑问公司信息披露透明已成为投资者进行投资决策的重要影响因素，也成为吸引投资者的重要因素，流动性的增加反映了投资者对透明度较高公司的认可与肯定。这为进一步建立健全良好资本市场起到积极作用，也为今后发展多层次资本市场做了铺垫，尤其是在信息披露规范与监管方面具有借鉴意义。

公司综合信息透明度的
经济效果研究

Chapter 9

第9章 公司内部治理结构有效性：
股票流动性视角

本章选取 1998～2015 年沪深 A 股主板非金融类上市公司为样本，以市场化进程视角为切入点，运用混合 OLS、中位数回归、面板模型及 Tobit 回归等稳健性检验方法，研究公司治理维度与股票流动性之间的关系。研究发现：从股东会层面来看，第一大股东持股比例显著降低了股票流动性；独立董事比例、监事会规模及审计委员会的设立都能显著提升股票流动性，高层管理者方面的管理层薪酬也能显著提升股票流动性。其他维度诸如董事会规模、两职合一、管理层持股比例并不能显著提升股票流动性。

9.1 引　　言

资本市场作为现代金融的核心，推动着中国经济的持续稳步增长，尽管当前经济增速放缓，但以资本市场为核心构建的现代金融体系所发挥的资源配置、分散风险和价格发现等功能并未改变，所有这些功能的实现依赖于资本市场流动性，可以说流动性是资本市场的生命力所在（Amihud and Mendelson，1986），且投资者需要为持有非流动性股票而增加权益成本（Butler et al.，2005）获得补偿，这反过来又会影响到公司价值（Fang et al.，2009），这对投资者和公司都至关重要。因此，股票流动性始终都是实务界和学术界关注的热点议题。尽管流动性影响因素众多，但作为企业改革核心的公司治理无疑是一个不能忽视的因素，在经济增速放缓的大背景下，市场化进程也显得很重要，也是经济结构转型升级和创新驱动的重要保障。

已有研究强调了公司治理在决定股票流动性方面的作用，早期研究，如 Coffee（1991）认为大的投资者支持公司治理机制，因为该机制可以增强市场流动性，降低退出成本。尽管如此，较少证据支持公司治理与股票流动性间的直接关系。直到近期，Chung 等（2010）发现美国的公司治理机制提高了市场流动性。针对新兴市场国家公司治理与市场流动性的研究也如火如荼地展开，如马来西亚（Foo and Zain，2010）、中国（Lei et al.，2013）、泰国（Prommin et al.，2014）及国际市场（Chung et al.，2012）的研究。这些研究多是基于对公司治理综合治理质量的分析，这或多或少会影响到对公司治理有效性的深层次剖析，以及不同公司治理维度对股票流动性的分析。尤其对属于新兴资本市场且处于经济结构转型背景下，公司治理经历观念导入、结构转型等阶段，尽管不能否认公司治理在建立现代企业制度方面所发挥的重要作用，但从媒体曝光及监管部门处罚的案例来看，也不乏在内部治理维度有问题的公司，因此对内部治理不同维度发挥作用是存疑的。基于此，本章从市场化进程视角，探究公司治理维度与股票流动性的关系。

本章基于市场化进程视角，从构成公司治理的股东会、董事会、监事会、管理层等维度的多个指标剖析其与股票流动性的关系，采用混合 OLS、中位数回归、固定效应及 Tobit 回归等多种方法，得出稳健结论。本章可能创新是：一方面，与以往从公司综合治理指数分析不同，本章侧重于从公司治理的股东会、董事会、监事会、管理层等维度研究；另一方面，尽管我国市场经济已取得辉煌成就，但囿于固有差异，不同省份之间市场化进程不可避免地存在较大差异。这也间接影响到整个资本市场的资源配置。本章尝试从市场化进程视角，剖析公司治理维度与股票流动性的关系。

9.2　文献综述与研究假设

9.2.1　公司治理与股票流动性

控制权与所有权的两权分离导致内部管理层与外部投资者之间的信息不对称（Jensen and Meckling，1976）。该信息不对称引发了管理层的道德风险问题，管理层会以牺牲外部投资者利益为代价，有动机追求私利并转移公司财富（Switzer and Wang，2013）。自利和机会主义的管理层行为包括有推卸责任、过度补偿、在职消费与企业帝国的建立。为掩盖财富侵蚀行为，机会主义经理可以选择性公开对自己有利信息，导致更多信息不对称。在这种情况下，就需要治理机制能够监督管理层的机会主义行为，保护股东权益。公司治理机制（如独立董事、监事会及分委员会的设立）就是要约束管理层披露扭曲信息动机，提高公司信息透明度（Leuz et al.，2003）。这些治理机制鼓励管理层向市场披露可信的信息。Beekes 和 Brown（2006）、Beekes 等（2015）研究发现公司治理机制好的公司倾向于对外有更多的信息披露。因此高质量的公司治理会降低信息不对称性，进而提高股票流动性。

公司治理影响股票流动性的机理在于：有效的公司治理能够提高财务与经营透明度，这会缓解内部管理层与外部投资者之间的信息不对称。公司治理机制的条款会约束管理层的自利行为，约束管理层不完全信息披露或不真实信息披露（Leuz et al.，2003）。例如，公司治理条款中关于审计委员会独立性的要求就是为保证财务报表质量。Ajinkya 等（2005）、Karamanou 和 Vafeas（2005）发现董事会对管理层的有效监督能保证信息披露质量及频率。具体而言，这些研究发现有效勤勉的董事会监督促使管理层发布更加准确的盈余预测。因此勤勉高效的董事会能降低信息不对称。Fama 和 Jensen（1983）认为有效的董事会能够做出更好的决策来缓解信息不对称问题。Chung 等（2010）实证检验了公司治理与市场流动性之间的关系，研究发现公司治理可以缓解知情交易并提高流动性。

实证研究发现，公司信息披露政策越好的公司，管理层与交易者之间的信息不对称程度更低（Welker，1995）。如果信息不对称降低，交易者获取内部消息的动机就会降低，使交易者与部分知情投机者之间信息同质，这样交易者就面临较少的逆向选择成本，因此治理机制好的公司流动性较高。已有很多研究证实全球公司治理与股票流动性存在正向关系,如美国(Chung et al., 2010)、马来西亚(Foo and Zain, 2010)、澳大利亚(Ali et al.)、中国(Lei et al., 2013;魏明海和雷倩华,2011;蒋祥林,2015)、泰国(Prommin et al., 2014)等。尽管如此,现有研究侧重于分析公司整体治理水平与股票流动性单一层面的研究,且公司治理对股票流动性的影响机理尚未达成共识。此外,这些研究放到中国资本市场的适用性也有待研究,一方面中国经济增速放缓进入新常态;另一方面,我国资本市场属于新兴资本市场,市场化进程及交易机制均表现出不同特征。因此,本章尝试从市场化进程视角,从较长研究区间去探究公司治理不同维度与股票流动性的关系。

9.2.2 公司治理不同维度与股票流动性

理论而言,公司治理至少应包括股东会、董事会及监事会、高层管理者等维度。

(1)股权结构方面,一方面认为大股东持股会降低股票流动性,如 Næs 和 Bank(2004)认为股权较集中度越高,股票流动性越低。若是由于内部人持股而导致股权集中,则交易的逆向选择问题较为突出,会降低股票流动性。陈辉和汪前元(2012)认为机构投资者既能通过信息假说路径负向影响股票流动性,也能够通过交易假说路径负向影响股票流动性。另一方面,田昆儒和王晓亮(2013)发现股权集中度与股票流动性正相关,而管理者持股比例与股票流动性没有显著关系。蒋祥林(2015)认为第一大股东能降低信息不对称程度。此外,市场化进程越低,第一大股东持股比例降低股票流动性作用越显著,整体而言,结合我国股权集中度普遍偏高的现实背景,内部人控制可能会比较严重,交易逆向选择成本较高,提出假设1:

H1:其他条件不变,第一大股东持股比例会显著降低股票流动性。市场化进程越低,该抑制作用越明显。

(2) 董事会及监事会方面。代理理论假设指出,董事会规模越大会导致决策越难达成共识,产生较低的信息质量,加剧信息不对称并降低流动性。然而,根据资源依赖理论,较大的董事会规模可以改善公司与不同利益相关者之间的关系。这样可以轻松获得专业知识和与投资者更好沟通。Agrawal 和 Knoeber (1996) 证实了这一假设,并认为大规模的董事会更适合难以获得信息的企业。Anderson 等 (2004) 认为董事会规模越大,越能对财务会计过程进行更大的监督,公司将提供更好的透明度。大规模的董事会可以减少信息不对称,并导致流动性改善。

一般来说,董事的角色是监督管理层,反对错误决策,并为高层提供意见。Fama 和 Jensen (1983) 认为董事会的独立性和有效性是相互联系的。董事会中最有影响力的成员自然必须是内部成员,因为他们拥有关于组织活动的有效和具体的信息。这些信息主要是通过其他经理的内部相互监督来获得的。但是,根据代理理论,内部董事没有足够的权力挑战领导选择。相比之下,董事会的外部董事有效控制管理决策,减少管理层和投资者间的信息不对称。信号理论提供了一个解释,事实上,外部董事向外部市场报告,被市场看作是积极的信号,增加投资者信心,从而增加流动性。有研究支持了代理理论和信号理论的假设,通过检验外部董事与信息披露之间的关系。例如,Chen 和 Jaggi (2000) 发现独立董事的出现增强了公司对监管要求的遵守情况,确定了市场透明度,对流动性产生了积极影响。独立董事比例是董事会的一个重要部分,证监会 2001 年 8 月发布《关于在上市公司建立独立董事制度的指导意见》指出"上市公司董事会成员中应当至少包括三分之一独立董事",从代理角度来看,在监督和控制管理层机会主义行为方面,独立董事是更加有效的,能够降低代理问题 (Fama and Jensen, 1983)。由于独立董事所具有的声誉和经验,有理由预期,独立董事会更具有影响力,有能力分散信息并提供外部的信息（Kesner and Johnson，1990）。Chen 和 Jaggi（2000）、Ajinkya 等（2005）发现独立董事通过有效监督管理层能够增强盈余预测披露的频率及质量，降低信息不对称。董事会结构另一个重要影响因素，董事长与 CEO 是否由一人担任受到学术界和监管层的大量关注（Haniffa and Cooke，2002）。理论而言，董事长与 CEO 两职合一能够提高决策效率，降低信息不对称性，提高流动性。但实际情况则有待检验。

此外，证监会 2002 年发布的《上市公司治理准则》指出"上市公司董事会可以按照股东大会的有关决议，设立战略、审计、提名、薪酬与考核等专门委员会"。这些分委员会能保证董事会职责与义务的履行。Harrison（1987）认为这些委员会的具体责任可能有助于弥补董事不佳的出席率，实际上说明更加勤勉的董事会能够促进股票流动性。Upadhyay 等（2014）发现董事会分委员会提高了个人董事绩效的可观察性，并减少了协调和沟通问题。尤其是审计委员会作用得到了研究人员的最大关注，被认为是重要的内部控制机制，有助于减少股东和管理层之间的信息不对称（Adams and Ferreira，2007）。Klein（2002）认为由独立董事组成的审计委员会可提高董事会对监督管理的有效性。Foo 和 Zain（2010）证明审计委员会独立性与股票流动性之间的正向关系。因此，董事会分委员会发挥了有效的监督作用，有可能提高信息效率和股票流动性。代理理论认为，审计是确保缓解信息不对称，解决冲突和降低相关代理成本的机制之一（Jensen and Meckling，1976）。Dechow 等（1996）、Klein（2002）认为审计委员会显著提高了信息披露水平。就独立董事对审计委员会的独立性而言，审计委员会可以确保所公布的信息不受主观或操纵的影响（Raghunandan et al.，2001）。此外，Abbott 等（2004）认为审计委员会减少盈余管理，能提高信息披露水平，进而提高流动性。同时监事会也发挥着监督作用与功能，有理由预期监事会规模越大，流动性越高。基于此，提出如下研究假设：

H2：其他条件不变，董事会规模、监事会规模、两职合一、独立董事比例、审计分委员会的设立能够显著提升股票流动性；市场化进程越高，这些指标对股票流动性的促进作用越显著。

（3）高层管理者方面。高管薪酬是一种激励手段，董事会或者薪酬管理委员会为高管制订薪酬计划，吸引经理人为股东创造价值，促进企业的持续有效发展。一方面，高管薪酬具有有效的激励作用，可以使管理层重视股东利益，创造股东价值。通过对美国上市公司成功的分析，有研究认为高管薪酬与其对公司的贡献程度是匹配的，对高管的激励有利于促进整个市场的有效发展。伊志宏等（2010）认为高管薪酬激励会提高信息披露质量，降低信息不对称，进而提高股票流动性。另一方面，高管薪酬与公司的业绩并没有直接关系，高管的天价薪酬与道德、企业的价值背离，不利于企业的持续发展。蒋祥林（2015）认为管理层薪酬越高，信息不对称程度越高，这说明国内薪酬激励在改善公司治理方面发挥的作用有限。综合而言，尽管对高管薪酬发挥作用存在异议，但不可否认的是公司普遍采取高管持股、制订薪酬计划、股票期权等手段来吸引职业经理人，有理由预期，管理层薪酬等激励手段可以促进股票流动性。因此提出研究假设：

H3：其他条件不变，管理层薪酬及持股比例能够显著提升股票流动性。市场化进程越高，其提升作用越显著。

9.3 研究设计

9.3.1 样本及数据

选择1998～2015年沪深A股主板非金融类上市公司作为研究样本。依据研究惯例，剔除ST或PT类公司及数据缺失样本。对所有连续变量进行了 1% 和 99% 分位数的 Winsorize 处理。数据来源于 CSMAR 数据库及 RESSET 数据库。

9.3.2 变量设计

（1）被解释变量。

股票流动性是本章主要研究变量。已有研究有从微观结构视角的研究，如买卖价差等，基于股票日收益数据计算的 Amihud 非流动性指标，以及换手率等指标。为考察市场整体流动性，借鉴以往研究，如 Karolyi 等（2012）、Edmans 等（2013）、Kang 和 Zhang（2014）、曹廷求等（2014）的研究，本章采用如下方法来度量市场流动性。首先，根据 Amihud（2002）方法计算出非流动性指标：

$$ILLIQ_{it} = 1/D_{it} \sum_{d=1}^{D_{it}} |R_{itd}|/VOLD_{itd} \quad (9-1)$$

其中，D_{it} 表示股票 i 在 t 年的交易天数，R_{itd} 表示股票 i 在第 t 年 d 天的收益率，$VOLD_{itd}$ 表示股票 i 在第 t 年 d 天的交易金额。其次，为构建流动性正向指标，依据 Edmans 等（2013）方法，令 Liq = -ln（1 + ILLIQ）。该指标越大，流动性越大。

（2）解释变量。

公司治理及市场化进程。根据我国公司治理现实背景及以往研究，公司治理包含多个维度，达成较为一致共识的是公司治理结构包括股东会、董事会、监事会、高层管理人员等维度，本章侧重于从这几个维度来选择，主要有第一大股东持股比例、董事会规模、独立董事比例、两职合一、监事会规模、审计委员会设立与否、管理层持股、管理层薪酬等指标来度量公司治理的不同维度。而市场化进程则采取王小鲁等（2017）的分省份市场化进程数据来分析。

（3）控制变量。

借鉴以往研究结果，其他控制变量主要有波动性、交易量、价格、公司规模、固定资产、负债率、上市年限、产权性质、年度和行业等。具体变量定义如表9-1所示。

表9-1　　　　　　　　　　变量定义

变量名称	变量符号	变量定义
被解释变量		
市场流动性	Liq	$-\text{Ln}(1+\text{ILLIQ})$
解释变量		
管理层持股	Mgh	管理层持股比例
管理层薪酬	Sal	前三名高管薪酬的自然对数
第一大股东持股	Top1	第一大股东持股比例
董事会规模	BS	董事会人数的自然对数
独立董事比例	DR	独立董事占董事会人数的比例
两职合一	DU	如果董事长与总经理由一人担任，则DU=1，否则为0
审计委员会	AC	如果设置审计委员则为1，否则为0
监事会规模	SS	监事会人数的自然对数
市场化进程	Mktex	王小鲁等（2017）分省份市场化进程数据
控制变量		
波动性	Vola	股票日收益的标准差
交易量	Vol	年度内平均日交易量
价格	Price	年度内平均日收盘价
公司规模	Size	总资产账面价值的自然对数
固定资产	Fix	固定资产占总资产比例
负债率	Lev	总负债除以总资产
上市年限	Age	截至当年公司的上市年限
产权性质	State	如果是国有，则State=1，否则为0
年度	Year	控制年度虚拟变量
行业	Ind	控制行业虚拟变量

9.3.3　模型构建

为检验本章研究假设，构建如下模型进行验证：

$$Liq_{it} = \beta_0 + \beta_1 CG_{it} + \beta_2 Controls_{it} + \sum \beta_j Year_j + \sum \beta_k Ind_k + \varepsilon_{it}$$
(9-2)

其中，被解释变量 Liq 为股票流动性，CG 是公司治理不同维度指标，主要包括第一大股东持股比例、董事会规模、独立董事比例、两职合一、监事会规模、审计委员会设立与否、管理层持股、管理层薪酬等，还加入市场化进程 Mktex 指标，重点考察市场化进程的影响，Controls 是其他控制变量。Year、Ind 是年度行业虚拟变量。

9.4 实证结果与分析

9.4.1 描述性统计分析

本章主要变量的描述性统计分析如表 9-2 所示。由表 9-2 可知，股票流动性 Liq 的均值和中位数分别为 -0.119 和 -0.067，与已有研究结果相差不大。第一大股东持股比例均值和中位数分别为 38.9% 和 37.3%，四分之三分位数达到 51.2%，属于典型的股权集中度较高的国家。DU 均值为 0.115，说明大部分仍然是董事长与 CEO 分设的，审计委员会均值为 0.75，说明绝大部分公司都设有审计委员会，也是公司治理中董事会分委员会中较为重要的一个分委员会。此外，管理层持股比例偏低，均值仅有 0.4% 左右。这在某种程度上说明我国职业经理人市场尚未形成良性竞争机制，也说明对管理层激励不够充分，或者说对高管层的激励更多的是薪酬激励，与媒体曝光出许多天价薪酬的报道相吻合。市场化进程均值和中位数分别为 7.27 和 7.40，其他变量与已有研究差别不大，这里不再赘述。

表9-2　　　　　　　　　　描述性统计结果

变量	均值	中位数	1/4分位数	3/4分位数	标准差
Liq	-0.119	-0.067	-0.179	-0.030	0.121
Top1	0.389	0.373	0.256	0.512	0.164
BS	1.780	1.790	1.610	1.950	0.308
DR	0.649	0.500	0.500	0.750	0.410
DU	0.115	0.000	0.000	0.000	0.319
AC	0.750	1.000	0.000	1.000	0.433
SS	1.380	1.390	1.100	1.610	0.328
Mgh	0.004	0.000	0.000	0.000	0.028
Sal	13.600	13.700	13.000	14.30	0.966
Mktex	7.270	7.400	5.940	8.710	1.930
Vola	0.031	0.027	0.022	0.035	0.016
Vol	15.30	15.40	14.40	16.20	1.240
Price	11.30	9.100	6.310	13.60	7.900
Lev	0.500	0.509	0.364	0.643	0.189
Size	22.00	21.80	21.10	22.70	1.270
Fix	0.278	0.243	0.127	0.407	0.190
Age	10.10	10	6	14	5.450
State	0.724	1.000	0.000	1.000	0.447

表9-3是变量间的相关系数表。由此可知，第一大股东持股比例Top1与流动性显著负相关，独立董事比例DR、两职合一DU、监事会规模SS及审计委员会AC、管理层薪酬Sal均与股票流动性显著正相关。市场化进程Mktex与股票流动性显著正相关。与理论分析与预期基本一致。管理层持股比例Mgh的Pearson相关系数及Spearman相关系数符号不一致，董事会规模BS表现出股票流动性显著为负的相关关系。与理论分析略有不符，实际上，本章更关注的是因果关系而不是相关关系。在回归分析中对此着重展开研究。

第9章 公司内部治理结构有效性：股票流动性视角

表 9-3 相关系数表

	Liq	Mgh	Sal	Top1	BS	DR	DU	SS	AC	Mktex	Vola	Vol	Price	Lev	Size	Fix	Age	State
Liq		-0.06a	0.06a	-0.20a	-0.19a	0.21a	0.03a	0.07a	0.27a	0.08a	0.70a	0.49a	0.07a	0.04a	-0.11a	-0.05a	0.16a	-0.12a
Mgh	0.05a		0.12a	-0.19a	0.02a	-0.04a	0.11a	-0.03a	-0.03a	0.12a	-0.06a	-0.00	0.06a	-0.02b	0.06a	-0.01a	0.01	-0.10a
Sal	0.05a	0.08a		-0.06a	-0.12a	0.36a	0.04a	0.01c	0.38a	0.30a	0.07a	0.50a	0.15a	0.11a	0.55a	-0.19a	0.41a	-0.05a
Top1	-0.18a	-0.12a	-0.08a		0.07a	-0.10a	-0.10a	0.07a	-0.10a	-0.01	-0.12a	-0.14a	0.06a	-0.05a	0.19a	0.08a	-0.24a	0.28a
BS	-0.16a	-0.04a	-0.13a	0.07a		-0.52a	-0.08a	0.25a	-0.19a	-0.08a	-0.15a	-0.19a	0.05a	-0.00	0.03a	0.15a	-0.27a	0.19a
DR	0.12a	0.04a	0.29a	-0.07a	-0.58a		0.04a	-0.04a	0.35a	0.12a	0.17a	0.42a	-0.07a	0.10a	0.24a	-0.10a	0.36a	-0.12a
DU	0.03a	0.17a	0.04a	-0.10a	-0.08a	0.03a		-0.09a	0.01	0.04a	0.02a	-0.00	0.02b	-0.02b	-0.06a	-0.05a	0.02b	-0.13a
SS	0.05a	-0.08a	0.02b	0.08a	0.22a	-0.03a	-0.08a		-0.00	-0.08a	-0.04a	0.06a	-0.03a	0.05a	0.17a	0.14a	-0.00	0.21a
AC	0.25a	0.03a	0.40a	-0.11a	-0.19a	0.26a	0.04a	-0.08a		0.08a	0.24a	0.43a	0.04a	0.10a	0.23a	-0.09a	0.37a	-0.08a
Mktex	0.09a	0.08a	0.31a	-0.01	-0.08a	0.08a	0.04a	-0.07a	0.08a		0.07a	0.13a	-0.07a	0.03a	0.14a	-0.15a	0.15a	-0.06a
Vola	0.37a	0.06a	0.01	-0.04a	-0.05a	0.04a	0.01	-0.02b	0.08a	0.03a		0.40a	0.17a	0.07a	-0.08a	-0.10a	0.13a	-0.06a
Vol	0.46a	0.00	0.51a	-0.13a	-0.20a	0.35a	-0.00	0.07a	0.44a	0.15a	0.23a		-0.09a	0.15a	0.57a	-0.04a	0.45a	-0.06a
Price	0.03a	0.07a	0.19a	0.05a	0.05a	-0.03a	0.02b	-0.00	0.06a	-0.04a	0.16a	-0.08a		-0.17a	-0.01	-0.17a	-0.03a	-0.01
Lev	0.03a	-0.06a	0.11a	-0.04a	-0.01	0.08a	-0.02b	0.05a	0.10a	0.03a	-0.01c	0.15a	-0.13a		0.34a	-0.07a	0.17a	0.02b
Size	-0.13a	-0.02a	0.53a	0.21a	0.02b	0.20a	-0.06a	0.18a	0.22a	0.13a	-0.10a	0.59a	0.06a	0.34a		0.00	0.22a	0.11a
Fix	-0.04a	-0.07a	-0.17a	0.09a	0.14a	-0.07a	-0.06a	0.14a	-0.08a	-0.12a	-0.07a	-0.02b	-0.16a	-0.05a	0.05a		-0.18a	0.16a
Age	0.12a	-0.11a	0.40a	-0.24a	-0.25a	0.28a	0.02b	-0.00	0.37a	0.15a	-0.05a	0.45a	-0.01a	0.17a	0.19a	-0.16a		-0.10a
State	-0.11a	-0.18a	-0.07a	0.27a	0.17a	-0.09a	-0.13a	0.20a	-0.08a	-0.05a	-0.00	-0.06a	0.02b	0.02a	0.13a	0.17a	-0.11a	

注：下三角是 Pearson 相关系数，上三角是 Spearman 秩相关系数，a、b、c 分别表示在 1%、5% 和 10% 水平上显著。

9.4.2 回归结果分析

为验证本章研究假设,根据构建的模型来分析,基本回归结果如表 9-4 所示。

表 9-4　　　　　　　　基本回归结果

	1	2	3	4
	混合 OLS	中位数回归	混合 OLS	中位数回归
Mgh	-0.050* (-1.88)	-0.010 (-0.40)	-0.041 (-1.54)	-0.008 (-0.32)
Sal	0.052*** (53.01)	0.017*** (18.25)	0.054*** (52.43)	0.018*** (18.23)
Top1	-0.023*** (-4.61)	0.006 (1.23)	-0.022*** (-4.45)	0.007 (1.48)
BS	-0.005 (-1.61)	0.009*** (2.96)	-0.006* (-1.86)	0.009*** (3.02)
DR	0.024*** (10.13)	0.006** (2.44)	0.023*** (9.94)	0.005** (2.35)
DU	-0.003 (-1.25)	-0.002 (-0.97)	-0.003 (-1.15)	-0.002 (-0.85)
AC	0.068*** (27.12)	0.000 (0.20)	0.067*** (26.84)	0.001 (0.26)
SS	0.015*** (6.10)	0.009*** (3.88)	0.014*** (5.67)	0.009*** (3.86)
Mktex			0.003*** (6.27)	0.001** (2.43)
Year	Yes	Yes	Yes	Yes
Ind	Yes	Yes	Yes	Yes

续表

	1	2	3	4
	混合 OLS	中位数回归	混合 OLS	中位数回归
_cons	-0.894*** (-63.51)	-0.585*** (-48.31)	-0.895*** (-63.46)	-0.585*** (-48.31)
N	14656	14655	14656	14655
adj. R^2	0.356		0.357	
PseudoR^2		0.418		0.419

注：t statistics in parentheses, $*p<0.10$, $**p<0.05$, $***p<0.01$。

表9-4中模型1和模型2是没有考虑市场化进程指标的分析，模型3和模型4则是将市场化进程加入后的结果。采用了混合OLS回归方法，由于中位数回归较少受到数据中极值的影响，本章也报告了中位数回归的结果。由表9-4中模型3和模型4可知，市场化进程系数显著为正，这说明市场化进程越高，股票流动性越高。符合理论分析及预期，市场化进程越高，越有助于促进股票流动性。这也充分说明市场化进程确实是股票流动性的重要影响因素。

不管采用混合OLS还是中位数回归，管理层薪酬、独立董事比例、监事会规模、与股票流动性始终为显著正相关，这充分说明管理层薪酬、独立董事、监事会规模、审计委员会的设立与股票流动性之间显著正相关，假设H2基本得到验证。混合OLS回归结果显示，Top1的系数显著为负，说明第一大股东持股比例显著降低了股票流动性，验证假设H1。董事会规模对股票流动性影响的系数有正有负，两者间的关系尚待进一步研究。管理层持股比例、董事长与CEO两职合一与股票流动性之间的关系为负，但不显著。这在某种程度上说明这两者并不能促进股票流动性。为考察市场化进程的影响。进一步，按照市场化进程中位数，将研究样本分为高和低市场化进程两组，并分别采用混合OLS、中位数回归及固定效应模型回归，具体结果如表9-5所示。

表 9-5 分组回归结果

	市场化程度高			市场化程度低		
	混合 OLS	中位数回归	固定效应	混合 OLS	中位数回归	固定效应
Mgh	0.040* (1.95)	0.008 (0.36)	0.048 (0.86)	0.003 (0.07)	0.007 (0.19)	0.063 (0.80)
Sal	0.007*** (4.90)	0.004*** (3.62)	0.008*** (3.41)	0.008*** (5.87)	0.005*** (3.96)	0.007*** (3.40)
Top1	-0.012* (-1.76)	0.003 (0.62)	-0.027* (-1.72)	-0.013** (-1.97)	0.005 (0.84)	-0.037** (-2.38)
BS	-0.002 (-0.49)	0.000 (0.02)	-0.012** (-2.27)	0.003 (0.70)	0.002 (0.67)	-0.000 (-0.07)
DR	0.005** (2.30)	0.002** (2.33)	0.005** (2.18)	-0.000 (-0.19)	-0.000 (-0.14)	-0.002 (-0.67)
DU	0.002 (0.75)	0.001 (0.35)	0.001 (0.40)	-0.000 (-0.08)	0.001 (0.20)	0.003 (0.94)
AC	0.007** (2.16)	0.003* (1.69)	0.006* (1.88)	0.001 (0.33)	0.002 (0.71)	-0.000 (-0.02)
SS	0.002* (1.81)	0.003** (1.98)	0.001** (2.13)	-0.003 (-1.11)	0.000 (0.17)	-0.009* (-1.84)
Vola	-0.463*** (-5.68)	-0.372*** (-6.47)	-0.276*** (-3.60)	-0.050 (-0.79)	0.019 (0.32)	0.044 (0.69)
Vol	0.063*** (41.13)	0.042*** (35.12)	0.066*** (33.22)	0.072*** (39.20)	0.051*** (35.13)	0.071*** (31.76)
Price	0.004*** (22.43)	0.003*** (24.55)	0.004*** (17.66)	0.004*** (17.31)	0.003*** (23.78)	0.003*** (12.76)
Lev	-0.037*** (-6.79)	-0.022*** (-5.41)	-0.014 (-1.30)	-0.032*** (-5.71)	-0.025*** (-5.10)	-0.033*** (-3.50)
Size	0.002* (1.67)	0.002** (2.11)	-0.010*** (-3.05)	0.000 (0.32)	0.001 (0.54)	-0.010*** (-3.61)
Fix	-0.008 (-1.27)	0.001 (0.38)	-0.051*** (-4.30)	0.013** (2.38)	0.007 (1.39)	-0.002 (-0.21)

续表

	市场化程度高			市场化程度低		
	混合 OLS	中位数回归	固定效应	混合 OLS	中位数回归	固定效应
Age	0.000 (1.40)	-0.000 (-0.12)	-0.003*** (-3.81)	0.000 (0.18)	-0.000 (-0.46)	-0.002*** (-3.67)
State	-0.004** (-2.20)	-0.001 (-0.67)	-0.009* (-1.65)	-0.002 (-0.86)	0.003 (1.34)	-0.011** (-2.49)
Year	Yes	Yes	Yes	Yes	Yes	Yes
Ind	Yes	Yes	No	Yes	Yes	No
_cons	-1.236*** (-51.21)	-0.853*** (-44.29)	-0.993*** (-15.04)	-1.358*** (-55.16)	-1.017*** (-42.13)	-1.097*** (-18.69)
N	7238	7238	7238	7417	7417	7417
adj. R^2	0.777		0.788	0.797		0.809
PseudoR^2		0.544			0.574	

注：t statistics in parentheses，* $p<0.10$，** $p<0.05$，*** $p<0.01$。

由表 9-5 可知，不管市场化进程高还是低，在 1% 显著性水平上，管理层薪酬依然能够显著提升股票流动性，第一大股东持股比例显著降低了股票流动性。在市场化进程高低两组表现出明显差异的是独立董事比例、监事会规模、审计委员会的设立。在高市场化进程组，这些指标均表现出对股票流动性显著正的影响，这说明市场化进程越高，独立董事比例、审计委员会的设立能够越显著促进股票流动性，进一步验证了前面假设。管理层持股比例、董事会规模、两职合一的系数仅有个别显著。这说明在高低市场化进程组，这几个维度的指标在提升股票流动性方面发挥作用并不显著。与已有研究类似，其他控制变量基本变化不大，也符合理论预期。

9.4.3 稳健性检验

通过对股票流动性的分布特征描述可知，股票流动性指标 Liq 呈现左偏分布特征，在稳健性检验部分，本章采用 Tobit 模型回归分析，结果如表 9-6 所示。由此可知，在全样本回归结果中，市场化进程仍然显著为正，此外，在高市场化进程组，独立董事比例、审计委员会的设立、监事会规模与股票流动性表现出显著正相关，与前面分析结论一致，独立董事比例、审计委员会的设立、监事会规模确实能够显著提升股票流动性。这说明本章结论是稳健的。

表 9-6 Tobit 回归结果

	全样本	市场化程度高	市场化程度低
Mgh	0.026 * (1.65)	0.040 ** (2.11)	0.003 (0.12)
Sal	0.007 *** (9.98)	0.007 *** (6.67)	0.008 *** (8.15)
Top1	-0.013 *** (-3.69)	-0.012 ** (-2.48)	-0.013 *** (-2.61)
BS	0.001 (0.48)	-0.002 (-0.60)	0.003 (1.12)
DR	0.002 ** (1.98)	0.005 ** (2.53)	-0.000 (-0.23)
DU	0.001 (0.44)	0.002 (0.78)	-0.000 (-0.01)
AC	0.004 ** (2.30)	0.007 *** (2.79)	0.001 (0.55)
SS	0.002 ** (2.01)	0.003 ** (2.27)	-0.004 * (-1.81)
Mktex	0.001 ** (2.08)		
Vola	-0.203 *** (-4.10)	-0.469 *** (-5.87)	-0.042 (-0.72)
Vol	0.067 *** (72.36)	0.063 *** (49.53)	0.071 *** (53.04)

续表

	全样本	市场化程度高	市场化程度低
Price	0.004 *** (38.37)	0.004 *** (27.60)	0.004 *** (26.83)
Lev	-0.036 *** (-12.28)	-0.040 *** (-9.49)	-0.034 *** (-8.16)
Size	0.001 * (1.91)	0.002 ** (2.43)	0.001 (0.57)
Fix	0.011 *** (4.40)	0.003 (0.86)	0.017 *** (4.69)
Age	0.000 * (1.90)	0.000 (1.53)	0.000 (0.67)
State	-0.003 ** (-2.30)	-0.004 ** (-2.45)	-0.001 (-0.72)
_cons	-1.339 *** (-86.69)	-1.271 *** (-59.17)	-1.411 *** (-62.74)
Year	Yes	Yes	Yes
Ind	Yes	Yes	Yes
Pseudo R^2	0.194	0.187	0.224
N	14655	7238	7417

注：t statistics in parentheses，* $p<0.10$，** $p<0.05$，*** $p<0.01$。

9.5 本章小结

本章基于1998~2015年沪深A股非金融类上市公司为研究样本，从市场化进程视角出发，着重研究了公司治理维度与股票流动性之间的关系，通过采用混合OLS、面板回归和中位数回归等方法，以及Tobit回归的稳健性检验。研究发现：从公司治理不同维度来看，管理层薪酬、独立董事比例、监事会规模及审计委员会的设立都显著有助于促进股票流动性，而第一大股东持股比例显著降低了股票流动性。其他维度诸如董事会规模、两职合一、管理层持股比例并不能显著提升股票流动性。因此，公司治理不同维度对股票流动性的促进作用是不一样的，这为今后公司治理机制的进一步完善指明了方向，有助于进一步深化公司治理机制的改革与完善。

公司综合信息透明度的
经济效果研究
Chapter 10

第10章　结论及启示

10.1 研究结论

本书以"公司综合信息透明度的经济效果"为主题展开。遵循"公司综合信息透明度的决定因素→公司综合信息透明度的经济后果→得出研究结论"的思路。内容可分为上下两篇,上篇研究主题紧密围绕公司综合信息透明度的决定因素来分析,下篇研究主题从公司综合信息透明度对动态资本结构、债务融资成本以及公司治理机制有效性视角来分析,随后从市场流动性视角对公司治理机制做了较为全面的分析,这也是公司综合透明度经济后果之一。

主要研究发现有以下几方面:

第一,现行会计准则实施后,信息不对称性确实得到显著降低。会计准则趋同确实能够有效降低或缓解信息不对称性,并且大规模公司的会计准则趋同在降低或缓解信息不对称性方面更加有效,能够更好地实现资源配置。这一方面是对中国企业会计准则改革成效的检验;另一方面为今后中国企业会计准则的进一步完善提供了理论依据。

第二,证明了机构投资者发挥了监督作用,确实能够显著提升公司综合信息透明度(会计信息透明度、股价信息透明度、公司治理透明度),进一步采用联立方程模型,厘清了机构投资者与公司信息透明度的因果关系,较为全面地证实了机构投资者持股比例对公司综合信息透明度显著的正向促进作用。

第三,信息披露质量、市场流动性均与资本结构动态调整速度显著正相关;将信息质量分为高、低两组进一步研究,结果表明信息披露质量越高,市场流动性对企业资本结构调整速度的正向作用会越强。并且,会计信息透明度能够显著降低债务成本。因此,提高我国证券市场会计信息透明度的整体水平,改善市场信息环境,能够显著

第 10 章 结论及启示

降低债务资本成本。

第四，利用高频交易数据，从买卖价差、市场深度、换手率等指标中运用主成分分析方法提取综合流动性水平来衡量市场流动性，运用公司透明度的两个维度：会计信息透明度和内部信息透明度，研究发现，公司综合信息透明度能够显著提高市场流动性，其影响机制在于通过降低逆向选择成本中的信息成本和交易成本。这对提高市场质量具有理论和实践意义。

第五，以市场化进程视角为切入点，研究了公司治理维度与股票流动性之间的关系。从股东大会层面来看，第一大股东持股比例显著降低了股票流动性；独立董事比例、监事会规模及审计委员会的设立都能显著提升股票流动性，高层管理者方面的管理层薪酬也能显著提升股票流动性。其他维度诸如董事会规模、两职合一、管理层持股比例并不能显著提升股票流动性。

10.2 政策建议

根据本书研究结论，提出如下相关政策建议：

第一，本书的研究充分说明我国企业会计准则的趋同效果是明显的，达到了提升会计信息透明度的目的，企业会计制度的改革是富有成效性的。从我国的具体情况来看，我国证券市场初具规模，上市公司也成为我国经济运行中最具发展优势的群体和资本市场投资价值的源泉，以信息披露为核心的证券市场基础制度体系也逐步建立和完善。与此同时，由于固有的制度缺陷和市场环境，上市会计信息质量参差不齐，部分上市公司的会计信息质量较差、透明度低、造假现象也屡见不鲜，如康美药业、康得新造假案。

第二，与国际财务报告准则趋同是建立全球统一高质量会计准则的切实途径，也是提高我国上市公司会计信息质量的重要举措。为了推进中国企业会计准则与国际财务报告准则的持续趋同，降低信息不对称性，维护投资者财产权益，建议：一是中国须继续支持国际会计准则理事会制定全球统一的高质量会计准则。会计是国际通用的商业语言，借鉴国际会计惯例推进中国会计改革，是维护市场经济秩序的基础。二是立足中国国情，坚持持续趋同模式，重视实质趋同。按照《中国企业会计准则与国际财务报告准则持续趋同路线图》的要求，中国企业会计准则还将不断修改完善，既要保持与国际财务报告准则的持续趋同，又要切实解决中国会计的实际问题。三是积极深入参与国际财务报告准则的制定和修订，向国际会计准则理事会反映新兴经济体面临的特殊会计问题。以中国为代表的新兴经济体在发展过程中与发达国家面临的制度环境和市场环境存在显著差异，会计问题也有其特殊性，将这种特殊性反映在国际财务报告准则的制定和修订过程中是维护各国国家利益和推进全球统一高质量会计准则建设进程的必然选择。

第三，本书研究结论支持机构投资者在中国资本市场中的"积极作用"——增加了上市公司信息透明度。目前国内关于机构投资者的研究结论并不一致，从机构投资者发挥监督作用的观点来看，机构投资者由于持股比例较大，因此有能力和动机去搜集信息并监督管理层，通过监督管理层来保证管理层的投资策略与长期价值最大化的目标一致，与中小投资者相比，机构投资者可以获取更大的利益。基于"理性经济人"的考虑，他们会发挥积极监督作用。然而，机构投资者也有可能是消极的短期机会主义者，机构投资者进行多元化投资的目的可能是降低风险保持流动性，无助于公司透明度的提高。由于公司信息透明度并不是单维度的，而是多维度的，因此，如何通过有效的机制设计和制度建设使机构投资者在谋求自身利益最大化的同时，调动其积极性，抑制其投机性，充分发挥参与公司治理、保护中小股东利益的"外部性"是监管部门的重要任务。

第四，在改善信息披露质量、提高市场流动性以及优化资本结构方面建议：一方面，对于企业自身而言，应该主动地改善其信息披露质量。外部融资是企业获取资金的重要来源，无论是债务融资还是股权融资，都需要企业积极主动地提高信息披露质量，增强信息透明度。信息披露质量具有信号传递的效用，企业只有改善自身的信息披露水平，才能向资本市场传递良好的信息，缓解市场的信息不对称压力，使企业更容易地获取资金。上市公司通过公布财务报告向市场公开地披露内部经营状况等信息是应尽的义务和责任，因此应确保财务报告中披露的信息是真实可靠的并且要及时披露，诱导投资参与者正确评估企业价值。此外，政府和相关监管机构应当加大对上市公司的考核程度，考核范围尽可能覆盖所有上市公司，为投资者提供更多的保护，并且金融监督管理相关机构还应增强违规披露信息的惩罚力度。另一方面，企业应当重视股票市场流动性对企业资本结构决策产生的重要作用。企业自身要重视通过增强市场流动性，来减少交易成本，从而更快地将其资本结构调整至最优状态。证券监督管理相关机构应当使我国证券市场上监控市场流动性的体系更加完善。流动性可以使股票市场充满活力，较高的流动性水平能够保证我国证券市场健康快速地发展。

第五，会计信息透明度的增加可以降低融资成本，提高资源配置效率。提高会计信息披露质量，不仅可以保护债权人利益，而且可以维护市场的政策秩序。因此，要充分提高会计信息优化资源配置的作用，上市公司不仅需要自愿披露，提高其会计信息披露质量，而且也需要国家制度层面的支持。

第六，公司综合信息透明度越高，市场流动性越高，这主要由于公司综合信息透明度的增加使信息成本和交易成本下降，进而市场流动性增加。同时稳健性分析结果表明，研究结果依然成立。这说明研究结果是稳健的。本书研究发现，我国证券市场的信息环境有了显著提高，随着证券监管逐步趋严，以及沪深交易所对信息披露监管加强，虽然就某种程度而言，与成熟资本市场相比仍有不小的差距，但毫无疑问公司信息披露透明已成为投资者进行投资决策的重要影响因素，也成为吸引投资者的重要因素，流动性的增加反映了投资者对透明度较高公司的认可与肯定。这为进一步建立健全良好资本市场起到良好的作用，也为今后发展多层次资本市场做了铺垫，尤其是对信息披露规范与监管方面具有借鉴意义。公司治理不同维度对股票流动性的促进作用是不一样的，这为今后公司治理机制的进一步完善指明了方向。

参 考 文 献

[1] Aggarwal R, Kyaw N A. International Variations in Transparency and Capital Structure Evidence from European Firms [J]. Journal of International Financial Management&Accounting, 2009, 20 (1): 1 – 34.

[2] Akerlof. The Market for Lemons: Quality Uncertainty and the Market Mechanism [J]. Quarterly Journal of Economics, 1970, 84 (3): 488 – 500.

[3] Almazan, Andres. A Model of Competition in Banking: Bank Capital Vs Expertise [J]. Journal of Financial International, 2002, (1): 472 – 521.

[4] Amihud Y. Illiquidity and Stock Returns: Cross – section and Time – series Effects [J]. Journal of Financial Markets, 2002, 5 (1): 31 – 56.

[5] Amihud, Mendelson. Asset pricing and the bid – ask spread [J]. Journal of Financial Economics, 1986, 17 (2): 223 – 249.

[6] Amihud. Illiquidity and stock returns: cross – section and time – series effects [J]. Journal of Financial Markets, 2002, 5 (1): 31 – 56.

[7] Arellano, Bond. Some Tests of Specification for Panel Data: Monte Carlo Evidence and an Application to Employment Equations [J]. The Review of Economic Studies, 1991, 58 (2): 277 – 297.

[8] Arellano, Bover. Another look at the instrumental variable estimation of error – components models [J]. Journal of Econometrics,

1995, 68 (1): 29 - 51.

[9] Armstrong C S, Core J E, Taylor D J, Verrecchia R E. When Does Information Asymmetry Affect the Cost of Capital? [J]. Journal of Accounting Research, 2011, 49 (1): 1 - 40.

[10] Ascioglu, et al. Earnings management and market liquidity [J]. Review of Quantitative Finance and Accounting, 2012, 38 (2): 257 - 274.

[11] Asthana and Zhang. Effect of R&D Investments on Persistence of Abnormal Earnings [J]. Review of Accounting and Finance, 2006 (5): 124 - 139.

[12] Bagehot. Walter: The Only Game in Town [J]. Financial Analysis Journal, 1971, 27 (22): 12 - 24.

[13] Balakrishnan K, Blouin J L, Guay W R. Tax Aggressiveness and Corporate Transparency [J]. Accounting Review, 2019, 94 (1): 45 - 69.

[14] Ball, Kothari, Robin. The effect of international institutional factors on properties of accounting earnings [J]. Journal of Accounting and Economics, 2000, 29 (1): 1 - 51.

[15] Ball, Robin, Wu. Incentives versus standards: properties of accounting income in four East Asian countries [J]. Journal of Accounting and Economics, 2003, 36 (1): 235 - 270.

[16] Banerjee H., Heshmati A., Wihlborg C. The Dynamics of Capital Structure, Stockolm School of Economics Working paper series in Economics and Finance, 2000, No. 333.

[17] Banerjee S., Heshmati A., Wihlborg C. The Dynamics of Capital Structure [J]. Research in Banking and Finance, 2004, 4: 275 - 297.

[18] Banerjee S., Gatchev V. A., Paul A. Stock Market Liquidity

参 考 文 献

and Firm Dividend Policy [J]. Journal of Financial and Quantitative Analysis, 2007, 42: 369 – 397.

[19] Banerjee, Gatchev, Spindt. Stock Market Liquidity and Firm Dividend Policy [J]. Journal of Financial and Quantitative Analysis, 2007, 42 (2): 369 – 397.

[20] Barth, Konchitchki, Landsman. Cost of capital and earnings transparency [J]. Journal of Accounting and Economics, 2013, 55 (2): 206 – 224.

[21] Beatty A, Liao S, Weber J. Financial Reporting Quality, Private Information, Monitoring, and the Lease – versus – Buy Decision [J]. The Accounting Review, 2010, 85 (4): 1215 – 1238.

[22] Bebchuk L, Cohen A, Ferrell A. What Matters in Corporate Governance? [J]. The Review of Financial Studies, 2008, 22 (2): 783 – 827.

[23] Bharath, Pasquariello, Wu. Does Asymmetric Information Drive Capital Structure Decisions? [J]. Review of Financial Studies, 2009, 22 (8): 3211 – 3243.

[24] Bhattacharya U, Daouk H, Welker M. The World Price of Earnings Opacity [J]. The Accounting Review, 2003, 78: 641 – 678.

[25] Blundell, Bond. Initial conditions and moment restrictions in dynamic panel data models [J]. Journal of Econometrics, 1998, 87 (1): 115 – 143.

[26] Botosan C A. Disclosure Level and the Cost of Equity Capital [J]. The Accounting Review, 1997, 72 (3): 323 – 350.

[27] Brennan M. J., A. Subrahmanvam. Market Micro – structure and Asset Pricing: On the Compensation for Illiquidity in Stock Returns [J]. Journal of Financial Economies. 1996, (41): 441 – 464.

[28] Brown and Hillegeist. How disclosure quality affects the level of

information asymmetry [J]. Review of Accounting Studies, 2007, 12 (2): 443 -477.

[29] Bushman, Piotroski, Smith. What Determines Corporate Transparency? [J]. Journal of Accounting Research, 2004, 42 (2): 207 -252.

[30] Bushman, Smith. Financial accounting information and corporate governance [J]. Journal of Accounting and Economics, 2001, 32 (1): 237 -333.

[31] Butler, Grullon, Weston. Stock Market Liquidity and the Cost of Issuing Equity [J]. Journal of Financial and Quantitative Analysis, 2005, 40 (2): 331 -348.

[32] Butler, Alexander W., Gustavo Grullon, James P. Weston. Stock Market Liquidity and the Cost of issuing Equity [J]. Journal of Financial and Quantitative Analysis, 2005, (40): 331 -348.

[33] Byoun S. How and When Do Firms Adjust Their Capital Structures toward Targets [J]. Journal of Finance, 2008, 63: 3069 -3096.

[34] Carol Marquardt, Christine Wiedman. Voluntary Disclosure, Information Asymmetry, and Insider Selling through Secondary Equity Offerings [J]. Contemporary Accounting Research, 1998, 15 (4): 505 -537.

[35] Chen Taiyuan, Suidipto D, Yu Y X. Transparency and Financing Choices of Family Firms [R]. 2010, www.bm.ust.hk/fina/staff/Dasgupta/Family_Firms.pdf.

[36] Chen, Dasgupta, Yu. Transparency and Financing Choices of Family Firms [J]. Journal of Financial and Quantitative Analysis, 2014, 49 (2): 381 -408.

[37] Cheng, Liu and Schaefer. Earnings Permanence and the Information Content of Cash Flows from Operations [J]. Journal of Accounting

Review, 1996, 34 (1): 73 – 116.

[38] Cheung, Jiang, Tan. A transparency Disclosure Index measuring disclosures: Chinese listed companies [J]. Journal of Accounting and Public Policy, 2010, 29 (3): 259 – 280.

[39] Chordia T., A. Subrahlnanyan, V. R. Anshuman. Trading Activity and Expect Stock Returns [J]. Journal of Financial Economies, 2001, 59: 3 – 32.

[40] Chowdhry, Nanda. Multimarket Trading and Market Liquidity [J]. Review of Financial Studies, 1991, 4 (3): 483 – 511.

[41] Chung, Elder and Kim. Corporate Governance and Liquidity [J]. Journal of Financial and Quantitative Analysis, 2010, 45 (2): 265 – 291.

[42] Cook D., T. Tang. Macroeconomic Conditions and Capital Structure Adjustment Speed [J]. Journal of Corporate Finance, 2010, 16: 73 – 87.

[43] Corwin S. A. The Determinants of Underpricing For Seasoned Equity Offers [J]. Journal of Finance, 2003, 58: 2249 – 2279.

[44] Cuijpers, Buijink. Voluntary adoption of non – local GAAP in the European Union: A study of determinants and consequences [J]. European Accounting Review, 2005, 14 (3): 487 – 524.

[45] Daske H, Hail L, Leuz C, Verdi R. Mandatory IFRS Reporting around the World: Early Evidence on the Economic Consequences [J]. Journal of Accounting Research, 2008, 46 (5): 1085 – 1142.

[46] Daske H, Hail L, Leuz C, Verdi R. Adopting a Label: Heterogeneity in the Economic Consequences Around IAS/IFRS Adoptions [J]. Journal of Accounting Research, 2013, 51 (3): 495 – 547.

[47] David Gelb, Paul Zarowin. Corporate Disclosure Policy and the Informativeness of Stock Prices. Working Paper, Seton Hall University,

New York University, 2000.

[48] Dechow and Dichev. The Quality of Accruals and Earnings: The Role of Accrual Estimation Errors [J]. The Accounting Review, 2002, 77 (Supplement): 35-59.

[49] Dechow, Sloan, Sweeney. Causes and Consequences of Earnings Manipulation: An Analysis of Firms Subject to Enforcement Actions by the SEC [J]. Contemporary Accounting Research, 1996, 13 (1): 1-36.

[50] Dechow, Ge and Schrand. Understanding Earnings equality: A Review of the Proxies, Their Determinants and Their Consequences [J]. Journal of Accounting and Economics, 2010 (50): 344-401.

[51] Desai, Krishnamurthy and Venkataraman. Do short – sellers target firms with poor earnings equality? Evidence from earnings restatements [J]. Review of Accounting Studies, 2006, 11 (1): 71-90.

[52] Diamond D, Verrecchia R. Disclosure, Liquidity, and the Cost of Capital [J]. Journal of Finance, 1991, 46 (4): 1325-1359.

[53] Diamond. Optimal Release of InformationBy Firms [J]. The Journal of Finance, 1985, 40 (4): 1071-1094.

[54] Durnev, Errunza, Molchanov. Property rights protection, corporate transparency, and growth [J]. Journal of International Business Studies, 2009, 40 (9): 1533-1562.

[55] Dye. Earnings management in an overlapping generations model [J]. Journal of Accounting Research, 1988, 26 (2): 195-235.

[56] Easley D, Kiefer N M, O'Hara M, Paperman J B. Liquidity, Information, and Infrequently Traded Stocks [J]. The Journal of Finance, 1996, 51 (4): 1405-1436.

[57] Easley D., O'Hara M. Information and the cost of capital [J]. The Journal of Finance, 2004, 59 (4): 1553-1583.

[58] Easley, O'Hara. Information and the Cost of Capital [J]. The Journal of Finance, 2004, 59 (4): 1553 – 1583.

[59] Edmans, Fang, Zur. The Effect of Liquidity on Governance [J]. The Review of Financial Studies, 2013, 26 (6): 1443 – 1482.

[60] Fama E. F., French K. R. Testing Trade off and Pecking Order Predictions about Dividends and Debt [J]. Review of Financial Studies, 2002, 15 (1): 1 – 33.

[61] Fama, French. Testing Trade – Off and Pecking Order Predictions About Dividends and Debt [J]. Review of Financial Studies, 2002, 15 (1): 1 – 33.

[62] Fama, Jensen. Separation of Ownership and Control [J]. The Journal of Law and Economics, 1983, 26 (2): 301 – 325.

[63] Fang, Noe, Tice. Stock market liquidity and firm value [J]. Journal of Financial Economics, 2009, 94 (1): 150 – 169.

[64] Fischer E. O., R. Heinkel, J. Zechner. Dynamic Capital Structure Choice: Theory and Tests [J]. Journal of Finance, 1989, (49): 19 – 40.

[65] Flannery M., K. Hankins. A Theory of Capital Structure Adjustment Speed, Working Paper, 2007.

[66] Flannery, Mark, Kasturi Rangan. Partial adjustment toward target capital structures [J]. Journal of Financial Economics, 2006 (79): 469 – 506.

[67] Foo, Zain. Board independence, board diligence and liquidity in Malaysia: A research note [J]. Journal of Contemporary Accounting & Economics, 2010, 6 (2): 92 – 100.

[68] Francis J, Lafond R, Per M O, Schipper K. Costs of Equity and Earnings Attributes [J]. The Accounting Review, 2004, 79 (4): 967 – 1010.

[69] Frank M. Z., Goyal V. K. Trade – off and Pecking Order Theories of Debt in Eckbo B. E. (ed.), Handbook of Corporate Finance: Empirical Corporate Finance, North – Holland: Elsevier, 2008.

[70] Gaber M. Management Incentives to Report Forecasts of Corporate Earnings [D]. TheCitiy University of New York. PH. D. Dissertation, 1985.

[71] Glosten and Milgrom. Bid, Ask and Transaction Prices in a Specialist Market with Heterogeneously Informed Traders [J]. Journal of Financial Economics, 1985, 14 (1): 71 – 100.

[72] Gray. The impact of international accounting differences from a security – analysis perspective: some European evidence [J]. Journal of Accounting Research, 1980, 18 (1): 64 – 76.

[73] Guillermo Llorente, Roni Michaely and Gideon Saar. Dynamic Volume – Return Relation of Individual Stocks [J]. The Review of Financial Studies, 2002, 15 (4): 1005 – 1047.

[74] Haniffa, Cooke. Culture, Corporate Governance and Disclosure in Malaysian Corporations [J]. Abacus, 2002, 38 (3): 317 – 349.

[75] Healy P. M, Palepu K G. Information Asymmetry, Corporate Disclosure, and The Capital Markets: A review of the empirical disclosure literature [J]. Journal of Accounting & Economics, 2001 (31): 405 – 440.

[76] Healy, Hutton, Palepu. Stock Performance and Intermediation Changes Surrounding Sustained Increases in Disclosure [J]. Contemporary Accounting Research, 1999, 16 (3): 485 – 520.

[77] Heflin, Shaw, Wild. Disclosure Policy and Market Liquidity: Impact of Depth Quotes and Order Sizes [J]. Contemporary Accounting Research, 2005, 22 (4): 829 – 865.

[78] Heflin, Shaw. Disclosure policy and intraday spread patterns

[J]. Review of Accounting and Finance, 2007, 6 (3): 285 - 303.

[79] Heflin, Shaw and Wild. Disclosure Quality, Quoted Depth, and Trading Costs. Working paper, Purdue University, University of Missouri, 2000.

[80] Hirshleifer, Teoh and Yu. Do Short Sellers Arbitrage Accounting - based Anomalies? [C]. AFA 2006 Boston Meetings Paper.

[81] Hong Xie. The Mispricing of Abnormal Accruals [J]. The Accounting Review, 2001, 76 (3): 357 - 373.

[82] Huang and Stoll. Dealer versus auctionmarkets: A paired comparison of execution costs on NASDAQ and NYSE [J]. Journal of Financial Economics, 1996, 41 (3): 313 - 357.

[83] Jayaraman. Earnings Volatility, Cash Flow Volatility and Informed Trading [J]. Journal of Accounting Research, 2008, 46 (4): 809 - 851.

[84] Jensen, Meckling. Theory of the firm: Managerial behavior, agency costs and ownership structure [J]. Journal of Financial Economics, 1976, 3 (4): 305 - 360.

[85] Jo, Hoje and Yongtae Kim. Disclosure frequency and earnings management [J]. Journal of Financial Economics, 2007, 84 (5): 561 - 590.

[86] Kang, Zhang. Measuring liquidity in emerging markets [J]. Pacific - Basin Finance Journal, 2014, 27: 49 - 71.

[87] Karamanou, Vafeas. The Association between Corporate Boards, Audit Committees, and Management Earnings Forecasts: An Empirical Analysis [J]. Journal of Accounting Research, 2005, 43 (3): 453 - 486.

[88] Karolyi, Lee, van Dijk. Understanding commonality in liquidity around the world [J]. Journal of Financial Economics, 2012, 105

(1): 82-112.

[89] Kesner, Johnson. An investigation of the relationship between board composition and stockholder suits [J]. Strategic Management Journal, 1990, 11 (4): 327-336.

[90] Kim and Verrecchia. Market Liquidity and Volume around Earnings Announcements [J]. Journal of Accounting and Economics, 1994, 17 (1): 41-67.

[91] Kim and Verrecchia. Market Reaction to Anticipated Announcements [J]. Journal of Financial Economics, 1991, 30 (2): 273-309.

[92] Klein. Audit committee, board of director characteristics, and earnings management [J]. Journal of Accounting and Economics, 2002, 33 (3): 375-400.

[93] Kormendi and Lipe. Earnings Innovations, Earning Innovations, Earnings Persistence and Stock Returns [J]. Journal of Business, 1987 (60): 324-345.

[94] Kyle. Continuous Auctions and Insider Trading [J]. Econometrica, 1985, 53 (6): 1315-1335.

[95] Lang and Lundholm. Corporate Disclosure Policy and Analyst Behaviour [J]. The Accounting Review, 1996 (71): 467-492.

[96] Leary M., Roberts M. R. Do Firms Rebalance Their Capital Structures [J]. Journal of Finance, 2005, 60, 2575-2619.

[97] Lei, Lin, Wei. Types of agency cost, corporate governance and liquidity [J]. Journal of Accounting and Public Policy, 2013, 32 (3): 147-172.

[98] Leuz and Verrecchia. The Economic Consequences of Increased Disclosure [J]. Journal of Accounting Research, 2000, 38 (3): 91-124.

[99] Leuz, Nanda, Wysocki. Earnings management and investor protection: an international comparison [J]. Journal of Financial Economics, 2003, 69 (3): 505 - 527.

[100] Leuz, Verrecchia. The economic consequences of increased disclosure [J]. Journal of Accounting Research, 2000, 38: 91 - 124.

[101] Leuz, Wysocki. The Economics of Disclosure and Financial Reporting Regulation: Evidence and Suggestions for Future Research [J]. Journal of Accounting Research, 2016, 54 (2): 525 - 622.

[102] Leuz, Nanda and Wysocki. Earnings Management and Investor Protection: An International Comparison [J]. Journal of Financial Economics, 2003 (9): 505 - 527.

[103] Leuz. IAS Versus U. S. GAAP: Information Asymmetry - Based Evidence from Germany's New Market [J]. Journal of Accounting Research, 2003, 41 (3): 445 - 472.

[104] Levy A., C. Hennessy. Why does Capital Structure Choice Vary with Macroeconomic Conditions [J]. Journal of Monetary Economics, 2007, 54: 1545 - 1564.

[105] Lin, Sanger and Booth. Trade Size and Components of the Bid - ask Spread [J]. The Review of Financial Studies, 1995, 8 (4): 1153 - 1183.

[106] Lipe. The Relation between Stock Returns and Accounting Earnings Given Alterative Information [J]. The Accounting Review, 1990, 65 (3): 49 - 71.

[107] Lipson M. L., Mortal S. Liquidity and Firm Characteristic: Evidence from Mergers and Acquisitions [J]. Journal of Financial Markets, 2007, (10): 342 - 361.

[108] Llorente, et al. Dynamic Volume - Return Relation of Individual Stocks [J]. Review of Financial Studies, 2002, 15 (4): 1005 -

1047.

[109] Madhavan. Consolidation, Fragmentation, and the Disclosure of Trading Information [J]. Review of Financial Studies, 1995, 8 (3): 579 - 603.

[110] Maffett. Who Benefits from Corporate Opacity? International evidence from Informed Trading by Institutional [R]. University of North Carolina Working Paper, 2011.

[111] Modigliani F, Miller M. The Cost of Capital, Corporation Finance and the Theory of Investment [J]. American Economic Review, 1958, 6 (48): 261 - 2971.

[112] Myers S. C., Majluf N. C. Corporate Financing and Investment Decisions when Firms Have Information that Investors Do Not Have [J]. Journal of Financial Economics, 1984, 13: 187 - 222.

[113] Nilabhra Bhattacharya, Hemang Desai and Kumar Venkataraman. Does Earnings Quality affect Information Asymmetry? Evidence from Trading Costs. Contemporary Accounting Research, 2013, 30 (2): 482 - 516.

[114] Oztekin O., Flannery M. J. Institutional determinants of capital structure adjustment speeds [J]. Journal of Financial Economics, 2012, 103 (1): 88 - 112.

[115] Pagano, Röell. Transparency and Liquidity: A Comparison of Auction and Dealer Markets with Informed Trading [J]. The Journal of Finance, 1996, 51 (2): 579 - 611.

[116] Penman and Zhang. The Accounting Conservatism, the Quality of Earnings and Stock Returns [J]. The Accounting Review, 2002, 77 (2): 237 - 264.

[117] Prasit Udomsirikul, Seksak Jumreornvong, Pornsit JiraPorn. Liquidity and capital structure: The case of Thailand [J]. Original

Research Article Journal of Multinational Financial Management, 2011, 21 (2): 106 – 117.

[118] Prommin, Jumreornvong, Jiraporn. The effect of corporate governance on stock liquidity: The case of Thailand [J]. International Review of Economics & Finance, 2014, 32: 132 – 142.

[119] Raghunandan, Rama, Read. Audit Committee Composition, "Gray Directors," and Interaction with Internal Auditing [J]. Accounting Horizons, 2001, 15 (2): 105 – 118.

[120] Rajan R., Zingales L. What Do We Know about Capital Structure: Some Evidence from International Data [J]. Journal of Finance, 1995 (50): 1421 – 1460.

[121] Ramakrishnan R T S, Thomas J K. Valuation of Permanent, Transitory, and Price – Irrelevant Components of Reported Earnings [J]. Journal of Accounting, Auditing & Finance, 1998, 13 (3): 301 – 336.

[122] Richardson and Vernon. Information asymmetry and earnings management: Some evidence [J]. Review of Quantitative Finance and Accounting, 2000, 15 (4): 325 – 347.

[123] Schipper. Commentary on earnings management [J]. Accounting Horizons, 1989, 3 (4): 91 – 102.

[124] Scott. Financial Accounting Theory [M]. Prentice – Hall Publishing Company, 1997.

[125] Sharif, Ming Lai. The effects of corporate disclosure practices on firm performance, risk and dividend policy [J]. International Journal of Disclosure and Governance, 2015, 12 (4): 311 – 326.

[126] Sloan. Do stock prices fully reflect information in accruals and cash flows about futureearnings? [J]. The Accounting Review, 1996, 71 (2): 289 – 315.

[127] Soderstrom, Sun. IFRS Adoption and Accounting Quality: A

Review [J]. European Accounting Review, 2007, 16 (4): 675 – 702.

[128] Stephen Brown and Stephen Hillegeist. How Disclosure Quality Affects the Level of Information Asymmetry. Working paper, Emory University, 2008.

[129] Stephen Brown, Stephen Hillegeist, and Kin Lo. Conference Calls and Information Asymmetry. Working paper, Emory University, Northwestern University, 2003.

[130] Stiglitz J. E., Weiss A. Credit Rationing and Markets with Imperfect Information [J]. American Economic Review, 1981, 71: 393 – 411.

[131] Stoll. Inferring the Components of the Bid – Ask Spread: Theory and Empirical Tests [J]. The Journal of Finance, 1989, 44 (1): 115 – 134.

[132] Switzer, Wang. Default Risk Estimation, Bank Credit Risk, and Corporate Governance [J]. Financial Markets, Institutions & Instruments, 2013, 22 (2): 91 – 112.

[133] T. Hogan, E. Hutson. Information asymmetry and capital structure in SMEs: new technology – based firms in the Irish software sector [J]. Global Finance Journal, 2005, 73: 459 – 474.

[134] Titman S., S. Tsyplakov. A Dynamic Model of Optimal Capital Structure [J]. Review of Finance, 2007, 11: 401 – 451.

[135] Trueman and Titman. An Explanation for Accounting Income Smoothing [J]. Journal of Accounting Research, 1988, 26 (Supplement): 127 – 139.

[136] Udomsirikul, Jumreornvong, Jiraporn. Liquidity and capital structure: The case of Thailand [J]. Journal of Multinational Financial Management, 2011, 21 (2): 106 – 117.

[137] Upadhyay, Bhargava, Faircloth. Board structure and role of monitoring committees [J]. Journal of Business Research, 2014, 67 (7): 1486-1492.

[138] Welker M.. Disclosure policy, information asymmetry, and liquidity in equity markets [J]. Contemporary Accounting Research, 1995, 11 (2): 801-802.

[139] Weston J., Butler A., Grullon G. Stock Market Liquidity and the Cost of Issuing Equity [J]. Journal of Financial and Quantitative Analysis, 2005, 40 (6): 331-348.

[140] 财政部会计司课题组. 企业会计准则实现连续四年平稳有效实施——我国上市公司2010年执行企业会计准则情况分析报告 [J]. 会计研究, 2011 (10): 16-29.

[141] 蔡传里, 许家林. 公司信息透明度与价值相关性——来自深市上市公司2004～2006年的经验证据 [J]. 山西财经大学学报, 2009, 31 (7): 74-83.

[142] 蔡传里, 许家林. 上市公司信息透明度对股票流动性的影响——来自深市上市公司2004～2006年的经验证据 [J]. 经济与管理研究, 2010 (8): 88-96.

[143] 曹廷求, 刘海明, 程子奇. 广告宣传、股票流动性与公司治理 [J]. 上海财经大学学报, 2014, 16 (6): 50-61.

[144] 曾皓, 赵静. 僵尸企业、融资方式与信息透明度 [J]. 现代财经（天津财经大学学报）, 2018, 38 (11): 79-94.

[145] 曾颖, 陆正飞. 信息披露质量与股权融资成本 [J]. 经济研究, 2006 (2): 69-79.

[146] 常莹莹, 曾泉. 环境信息透明度与企业信用评级——基于债券评级市场的经验证据 [J]. 金融研究, 2019 (5): 132-151.

[147] 陈辉, 顾乃康, 万小勇. 股票流动性与资本结构动态调整——基于时变的股票市场摩擦的视角 [J]. 金融评论, 2010, 2

(4): 90-102.

[148] 陈辉,顾乃康. 信息不对称视角下的现金持有量问题研究——基于金融市场微观结构测度的实证检验 [J]. 山西财经大学学报, 2012, 34 (7): 105-115.

[149] 陈辉,汪前元. 机构投资者如何影响股票流动性? 交易假说抑或信息假说 [J]. 商业经济与管理, 2012 (6): 71-80.

[150] 陈千里. 信息披露质量与市场流动性 [J]. 南方经济, 2007 (10): 70-80.

[151] 陈少华,陈菡,陈爱华. 债务资本成本与资本结构动态调整——基于市场化程度差异视角 [J]. 审计与经济研究, 2013 (6): 44-53.

[152] 陈小林,孔东民. 机构投资者信息搜寻、公开信息透明度与私有信息套利 [J]. 南开管理评论, 2012, 15 (1): 113-122.

[153] 程小可,李玲玲. 会计盈余与股票市场回报非线性关系研究——与线性关系的对比及来自沪市的证据 [J]. 中国软科学, 2004 (2): 37-43.

[154] 程昕,杨朝军,万孝园. 机构投资者、信息透明度与股价波动 [J]. 投资研究, 2018, 37 (6): 55-77.

[155] 崔秀梅,李心合,唐勇军. 社会压力、碳信息披露透明度与权益资本成本 [J]. 当代财经, 2016 (11): 117-129.

[156] 崔学刚,张宏亮. A股、H股报告盈余稳健性趋同研究——中国会计准则国际趋同效果的初步证据 [J]. 当代财经, 2010 (9): 106-114.

[157] 崔学刚. 公司治理机制对公司透明度的影响——来自中国上市公司的经验数据 [J]. 会计研究, 2004 (8): 72-80.

[158] 戴泽伟,潘松剑. 僵尸企业的"病毒"会传染吗?——基于财务信息透明度的证据 [J]. 财经研究, 2018, 44 (12):

138-150.

[159] 邓永勤, 陆燕芳. 海峡两岸会计准则国际化比较研究 [J]. 会计研究, 2013 (2): 15-21.

[160] 方军雄, 洪剑峭. 上市公司信息披露质量与证券分析师盈利预测 [J]. 证券市场导报, 2007 (3): 25-30.

[161] 冯根福, 吴林江. 我国上市公司资本结构形成的影响因素分析 [J]. 经济学家, 2000 (5): 59-66.

[162] 冯玉梅. 基于市场微观结构视角的我国上市公司融资行为研究 [D]. 天津市: 天津大学博士论文, 2006.

[163] 付强, 扈文秀, 康华. 股权激励能提高上市公司信息透明度吗? ——基于未来盈余反应系数的分析 [J]. 经济管理, 2019, 41 (3): 174-192.

[164] 高大为, 魏巍. 盈余管理对资本结构的影响—中国上市公司的实证研究 [J]. 南开管理评论, 2004, 7 (6): 67-72.

[165] 高锦萍, 潘煜. 政府会计透明度及提升路径研究 [J]. 管理世界, 2017 (3): 174-175.

[166] 高雷, 宋顺林. 公司治理与公司透明度 [J]. 金融研究, 2007 (11): 28-44.

[167] 葛家澍, 刘峰. 论企业财务报告的性质及其信息的基本特征 [J]. 会计研究, 2011 (12): 3-8.

[168] 龚朴, 张兆芹. 资本结构动态调整速度的异质性研究 [J]. 管理评论, 2014, 26 (9): 11-21.

[169] 顾乃康, 陈辉. 股票流动性与企业资本结构的决定——基于中国上市公司的经验证据 [J]. 财经研究, 2009, 35 (8): 37-48.

[170] 顾乃康, 邓剑兰, 王贵银. 中国企业资本结构动态调整的估计方法与蒙特卡洛模拟 [J]. 数量经济技术经济研究, 2013, 30 (1): 71-87.

[171] 郝东洋,韩颖.事务所背景独董、内部控制环境与会计信息透明度[J].华东师范大学学报(哲学社会科学版),2018,50(5):162-171.

[172] 何乔,薛宏刚,王典.机构投资者、信息透明度与股价崩盘风险[J].经济体制改革,2017(5):135-141.

[173] 贺建刚.法律、会计国际化与投资者保护——基于自我实施理论的解释[J].山西财经大学学报,2007(3):120-124.

[174] 侯宇,叶冬艳.机构投资者、知情人交易和市场效率——来自中国资本市场的实证证据[J].金融研究,2008(4):131-145.

[175] 胡淑娟,黄晓莺.机构投资者关注对股票流动性的影响[J].经济经纬,2014,31(6):143-148.

[176] 黄辉.制度导向、宏观经济环境与企业资本结构调整——基于中国上市公司的经验证据[J].管理评论,2009,21(3):10-18.

[177] 黄继承,朱冰,向东.法律环境与资本结构动态调整[J].管理世界,2014(5):142-156.

[178] 黄娟娟,肖珉.信息披露、收益不透明度与权益资本成本[J].中国会计评论,2006(1):69-84.

[179] 黄娟娟,肖珉.信息披露,收益不透明度与权益资本成本[J].中国会计评论,2006,4(1):69-83.

[180] 黄霖华,曲晓辉,张瑞丽.投资性房地产公允价值计量与股价同步性[J].厦门大学学报(哲学社会科学版),2017(4):125-134.

[181] 黄政,钟廷勇,刘怡芳.内部控制质量、信息透明度与股价信息含量[J].中南财经政法大学学报,2017(3):14-23.

[182] 姜付秀,屈耀辉,陆正飞.产品市场竞争与资本结构动态调整[J].经济研究,2008(4):99-110.

[183] 姜付秀，黄继承. 市场化进程与资本结构动态调整 [J]. 管理世界，2011（3）：124-134.

[184] 姜付秀，屈耀辉，陆正飞，李焰. 产品市场竞争与资本结构动态调整 [J]. 经济研究，2008（4）：99-110.

[185] 蒋祥林. 公司治理对股市信息不对称性和流动性的影响 [J]. 经济经纬，2015，32（5）：138-143.

[186] 金春雨，张浩博. 货币政策对我国股票市场流动性风险的动态效应研究 [J]. 经济经纬，2016，33（2）：150-155.

[187] 孔爱国，薛光煜. 中国上市公司资本结构调整能力的实证研究 [J]. 复旦学报，2005（4）：39-45.

[188] 李常安. 内部控制质量、分析师预测性质与市场流动性 [J]. 山西大学学报（哲学社会科学版），2015，38（2）：127-136.

[189] 李丹蒙. 公司透明度与分析师预测活动 [J]. 经济科学，2007（6）：107-117.

[190] 李金甜，郑建明，孙诗璐. 信息透明度、股价稳定性与股价同步性——来自新三板挂牌企业的证据 [J]. 投资研究，2018，37（5）：116-127.

[191] 李锐. 机构投资者对公司透明度的实证检验 [J]. 求索，2009（4）：20-22.

[192] 李四海，李娜娜. 盈余信息透明度与资本结构动态调整 [J]. 数理统计与管理，2018，37（5）：927-939.

[193] 李翔，林树. 信息不对称、信息披露与股票价格波动——兼论管理会计信息披露的市场效应 [J]. 山西财经大学学报，2007（6）：112-117.

[194] 李扬，张肖飞. 全流通背景下公司透明度与市场综合流动性——基于高频交易数据的分析 [J]. 经济经纬，2017，34（6）：117-121.

[195] 李占猛,童驯. 上市公司股权转让公告前后股价反应研究 [J]. 管理评论, 2003 (7): 28-36.

[196] 梁丽珍,孔东民. 中国股市的流动性指标定价研究 [J]. 管理科学, 2008 (3): 85-93.

[197] 刘峰,吴风,钟瑞庆. 会计准则能提高会计信息质量吗——来自中国股市的初步证据 [J]. 会计研究, 2004 (5): 8-19.

[198] 刘少波,汪涛. 公平披露规则对证券市场信息不对称的影响 [J]. 财贸经济, 2012 (4): 41-49.

[199] 刘晓华,王华. 会计准则的国际趋同与会计信息质量 [J]. 国际经贸探索, 2011 (1): 75-80.

[200] 刘晓华. 中国会计准则的国际趋同与信息不对称——来自A股公司交易量的经验证据: 中国会计学会2011学术年会, 中国重庆, 2011 [C].

[201] 刘奕均,牛盼强. 机构投资者持股与上市公司信息披露行为研究 [J]. 华东交通大学学报, 2010, 27 (2): 120-124.

[202] 刘永泽,唐大鹏,况玉书. 我国企业会计准则国际趋同效果研究——基于2007~2009年A+H股上市公司的实证分析 [J]. 大连理工大学学报 (社会科学版), 2012, 33 (1): 19-24.

[203] 刘玉廷. 中国企业会计准则体系: 架构、趋同与等效 [J]. 会计研究, 2007 (3): 2-8.

[204] 陆正飞,辛宇. 上市公司资本结构主要影响因素之实证研究 [J]. 会计研究, 1998 (8): 34-37.

[205] 吕晓燕,张滕滕. 中国新会计准则国际协调效果研究——基于会计信息可比性的视角 [J]. 山东大学学报 (哲学社会科学版), 2010 (4): 118-123.

[206] 毛新述,余德慧. 会计准则趋同、海外并购与投资效率 [J]. 财贸经济, 2013 (12): 68-76.

[207] 屈晶,司海涛,李春涛. 政府干预、非正常支付与企业

信息透明度——基于中国 A 股上市公司的证据 [J]. 江汉论坛, 2019 (5): 45-52.

[208] 曲晓辉, 高芳. 我国会计准则国际协调效果量化研究述评 [J]. 会计研究, 2006 (2): 14-18.

[209] 沈华玉, 郭晓冬, 吴晓晖. 会计稳健性、信息透明度与股价同步性 [J]. 山西财经大学学报, 2017, 39 (12): 114-124.

[210] 宋璐, 陈金贤. 我国上市公司年报业绩预告对股价影响的实证研究 [J]. 商业研究, 2004 (19): 127-130.

[211] 苏冬蔚, 曾海舰. 宏观经济因素与公司资本结构变动 [J]. 经济研究, 2009, 44 (12): 52-65.

[212] 孙士霞. 信息披露与资本成本研究综述 [J]. 经济与管理研究, 2008 (11): 29-33.

[213] 谭劲松, 宋顺林, 吴立扬. 公司透明度的决定因素——基于代理理论和信号理论的经验研究 [J]. 会计研究, 2010 (4): 26-33.

[214] 唐松莲, 胡奕明. 机构投资者关注上市公司的信息透明度吗?——基于不同类型机构投资者选股能力视角 [J]. 管理评论, 2011, 23 (6): 31-40.

[215] 田高良, 封华, 张亭. 风险承担、信息不透明与股价同步性 [J]. 系统工程理论与实践, 2019, 39 (3): 578-595.

[216] 田昆儒, 王晓亮. 定向增发、股权结构与股票流动性变化 [J]. 审计与经济研究, 2013, 28 (5): 60-69.

[217] 田昆儒, 田雪丰. 披露其他综合收益能够降低股价崩盘风险吗? [J]. 中南财经政法大学学报, 2019 (2): 20-30.

[218] 童勇. 资本结构的动态调整和影响因素 [J]. 财经研究, 2004 (2): 36-41.

[219] 汪炜, 蒋高峰. 信息披露、透明度与资本成本 [J]. 经济研究, 2004 (7): 107-114.

[220] 王春峰, 等. 上市公司会计信息质量对市场流动性的影响 [J]. 证券市场导报, 2012 (12): 55-60.

[221] 王皓, 赵俊. 资本结构动态调整模型——沪深股市的实证分析 [J]. 经济科学, 2004, (3): 54-62.

[222] 王宏来. 可转换债券市场微观结构及其效率研究 [D]. 吉林大学博士论文, 2010.

[223] 王华, 刘晓华. 中国会计准则国际协调效果的实证研究 [J]. 中央财经大学学报, 2007 (12): 90-96.

[224] 王华, 张程睿. 不对称信息理论对"IPO折价之谜"的解析 [J]. 财经问题研究, 2004 (11): 40-43.

[225] 王化成, 佟岩. 控股股东与盈余质量——基于盈余反应系数的考察 [J]. 会计研究, 2006 (2): 66-74.

[226] 王化成. 中国上市公司盈余质量研究 [M]. 北京: 中国人民大学出版社, 2008.

[227] 王生年, 张静. 投资者关注对资产误定价的影响路径——基于信息透明度的中介效应研究 [J]. 财贸研究, 2017, 28 (11): 101-109.

[228] 王小鲁, 樊纲, 余静文. 中国分省份市场化指数报告 (2016) [M]. 社会科学文献出版社, 2017.

[229] 王亚平, 刘慧龙, 吴联生. 信息透明度、机构投资者与股价同步性 [J]. 金融研究, 2009 (12): 162-174.

[230] 王艳艳, 陈汉文. 审计质量与会计信息透明度——来自中国上市公司的经验数据 [J]. 会计研究, 2006 (4): 9-15.

[231] 王艺霖, 王爱群. 内控缺陷披露、内控审计与债务资本成本——来自沪市A股上市公司的经验证据 [J]. 中国软科学, 2014 (2): 150-160.

[232] 王正位, 赵冬青, 朱武祥. 资本市场摩擦与资本结构调整——来自中国上市公司的证据 [J]. 金融研究, 2007 (6): 109-

119.

[233] 王治安, 万继峰. 会计国际协调的衡量 [J]. 财经科学, 2004 (6): 104-107.

[234] 魏明海, 雷倩华. 公司治理与股票流动性 [J]. 中山大学学报 (社会科学版), 2011, 51 (6): 181-191.

[235] 魏明海, 刘峰, 施鲲翔. 论会计透明度 [J]. 会计研究, 2001 (9): 16-20.

[236] 魏明海, 岳勇坚, 雷倩华. 盈余质量与交易成本 [J]. 会计研究, 2013 (3): 36-95.

[237] 魏明海. 会计协调的测定方法 [J]. 中国注册会计师, 2003 (4): 20-24.

[238] 吴文锋, 吴冲锋, 芮萌. 提高信息披露质量真的能降低股权资本成本吗? [J]. 经济学 (季刊), 2007 (4): 1201-1216.

[239] 吴战篪, 乔楠, 余杰. 信息披露质量与股票市场流动性——来自中国股市的经验证据 [J]. 经济经纬, 2008 (1): 138-141.

[240] 夏立军, 鹿小楠. 上市公司盈余管理与信息披露质量相关性研究 [J]. 当代经济管理, 2005 (5): 145-150.

[241] 徐红燕, 朱彤. 信息披露质量与资本结构相关性研究 [J]. 企业导报, 2012 (21): 29-31.

[242] 徐晟, 张勇, 李雨. 股票流动性对公司资本结构的影响研究 [J]. 投资研究, 2012, 31 (2): 132-143.

[243] 薛爽, 赵立新, 肖泽忠. 会计准则国际趋同是否提高了会计信息的价值相关性?——基于新老会计准则的比较研究 [J]. 财贸经济, 2008 (9): 62-67.

[244] 杨德明. 预测信息披露与盈余管理 [J]. 中国管理科学, 2005 (7): 108-112.

[245] 杨海燕, 韦德洪, 孙健. 机构投资者持股能提高上市公司会计信息质量吗?——兼论不同类型机构投资者的差异 [J]. 会

计研究, 2012 (9): 16-23.

[246] 杨敏. 会计准则国际趋同的最新进展与我国的应对举措 [J]. 会计研究, 2011 (9): 3-8.

[247] 杨钰, 曲晓辉. 中国会计准则与国际财务报告准则趋同程度——资产计价准则的经验检验 [J]. 中国会计评论, 2008, 6 (4): 369-384.

[248] 杨之曙, 彭倩. 中国上市公司收益透明度实证研究 [J]. 会计研究, 2004 (11): 62-70.

[249] 姚文韵, 沈永建. 资金占用、股价暴跌风险对信息透明度的影响研究 [J]. 财经理论与实践, 2017, 38 (1): 67-73.

[250] 叶建芳, 李丹蒙, 丁琼. 真实环境下机构投资者持股与公司透明度研究——基于遗漏变量与互为因果的内生性检验分析视角 [J]. 财经研究, 2009, 35 (1): 49-60.

[251] 游家兴, 张俊生, 江伟. 制度建设、公司特质信息与股价波动的同步性——基于 $R \sim 2$ 研究的视角 [J]. 经济学 (季刊), 2007 (1): 189-206.

[252] 于李胜, 王艳艳. 信息竞争性披露、投资者注意力与信息传播效率 [J]. 金融研究, 2010 (8): 112-135.

[253] 余波. 企业规模、股权性质与新会计准则执行效果——基于会计信息价值相关性视角 [J]. 中南财经政法大学学报, 2009 (5): 127-131.

[254] 余新培. 资产质量和收益质量及其分析 [J]. 当代财经, 2003 (2): 119-121.

[255] 袁淳, 王平. 会计盈余质量与价值相关性: 来自深市的经验证据 [J]. 经济理论与经济管理, 2005 (5): 36-39.

[256] 原毅军, 孙晓华. 宏观经济要素与企业资本结构的动态优化 [J]. 经济与管理研究, 2006 (5): 39-42.

[257] 翟光宇, 张博超. 货币政策、公司债务融资与会计信息

透明度——基于 2004~2014 年中国上市公司数据的实证分析 [J]. 国际金融研究, 2017 (5): 36-45.

[258] 张晨, 吴卫星. 信息披露质量与流动性的实证分析 [D]. 对外经济贸易大学硕士论文, 2007.

[259] 张程睿, 王华. 公司透明度与市场信息不对称——基于对中国股票市场的经验研究: 中国会计学会 2007 年学术年会, 中国湖北武汉, 2007 [C].

[260] 张程睿, 王华. 公司信息透明度: 经验研究与未来展望 [J]. 会计研究, 2006 (12): 54-60.

[261] 张程睿. 公司透明度的决定机制——基于对中国上市公司的经验分析 [J]. 华南师范大学学报 (社会科学版), 2008 (4): 41-48.

[262] 张程睿. 中国上市公司信息透明度研究 [D]. 暨南大学, 2006.

[263] 张国华, 曲晓辉. 会计准则国际趋同度量方法拓展——模糊聚类分析法初探 [J]. 南开管理评论, 2009, 12 (1): 102-109.

[264] 张俊民, 张晓. 经理管理防御、媒体监督与会计信息透明度——基于中国上市企业不同产权性质的研究 [J]. 财经理论与实践, 2017, 38 (2): 66-73.

[265] 张少军. 交易前透明度与市场流动性研究 [J]. 浙江工商大学学报, 2017 (1): 74-79.

[266] 张肖飞. 会计准则国际趋同提高了会计信息透明度吗?——基于 AH 股公司的经验分析 [J]. 经济经纬, 2014, 31 (5): 115-120.

[267] 张茵, 刘明辉, 彭红星. 社会信任与公司避税 [J]. 会计研究, 2017 (9): 48-54.

[268] 郑伟光, 高洁, 陆强. 新会计准则、盈余透明度与资本

成本 [J]. 经济与管理研究, 2014 (5): 118-128.

[269] 周浪波. 会计收益的质量特征探析 [J]. 事业财会, 2002 (5): 41-45.

[270] 周中胜, 陈汉文. 会计信息透明度与资源配置效率 [J]. 会计研究, 2008 (12): 56-62.

[271] 朱爱萍. 公平披露对市场信息不对称的影响——基于市场流动性变化的实证研究 [J]. 财贸研究, 2010, 21 (6): 105-111.

[272] 邹萍. 会计盈余质量与资本结构动态调整 [J]. 中南财经政法大学学报, 2014 (3): 115-122.

[273] 邹萍. 货币政策、股票流动性与资本结构动态调整 [J]. 审计与经济研究, 2015, 30 (1): 74-82.

后　　记

本书是我近几年系列研究成果的总结与思考，本书的完成和顺利出版得到诸多人的帮助。

首先，感谢我的博士生导师中国人民大学商学院的李焰教授和姜付秀教授，以及美国内华达大学的刘春林教授，以及我的硕士生导师西安交通大学管理学院的薛许军副教授。四位恩师引领我走进神圣的学术殿堂，让我能够自由翱翔在这片学术的天空里，这是我一生最宝贵的财富。桃李不言，下自成蹊，老师的言传身教使我终身受益，也激励着我在以后的工作学习中勤奋努力、积极进取。她（他）们在我的生活和事业发展上给予了大量无私的帮助，本书以及我所做的其他学术研究都包含着她（他）们的智慧和思想。

其次，还要感谢我的硕士研究生们的辛勤工作，他（她）们是刘伏玲、张连连、郭闪闪、韩慧、王翠、史璐寒、张彤、赵康乐、葛恩、崔艳怡、李利霞等。正是他们细致、认真的工作，才使得本书得以顺利完成。

再次，感谢中国财政经济出版社的编辑老师。正是他们的帮助，才使得本书能够快速顺利出版。

最后，感谢含辛茹苦、辛勤哺育我成长的父母，感谢我的妻子邵安华女士和我的女儿张宸溪。他们多年来对我的关心和支持，是我最大的精神支柱。

路漫漫其修远兮，吾将上下而求索。

张肖飞
2019 年 10 月于五月花城